新时代高职院校思政育人实践研究

张宜剑 著

黑龙江科学技术出版社

图书在版编目（ＣＩＰ）数据

新时代高职院校思政育人实践研究 / 张宜剑著. --
哈尔滨：黑龙江科学技术出版社, 2023.7
　　ISBN 978-7-5719-2068-5

　　Ⅰ. ①新⋯ Ⅱ. ①张⋯ Ⅲ. ①高等职业教育 – 思想政
治教育 – 研究 – 中国 Ⅳ. ①G711

中国国家版本馆 CIP 数据核字(2023)第 127310 号

新时代高职院校思政育人实践研究

XINSHIDAI GAOZHI YUANXIAO SIZHENG YUREN SHIJIAN YANJIU

作　者	张宜剑
责任编辑	回　博
封面设计	孔　璐
出　版	黑龙江科学技术出版社
	地址：哈尔滨市南岗区公安街 70-2 号　邮编：150007
	电话：（0451）53642106　网址：www.lkcbs.cn
发　行	全国新华书店
印　刷	哈尔滨午阳印刷有限公司
开　本	787 mm×1092 mm　1/16
印　张	11
字　数	210 千字
版　次	2023 年 7 月第 1 版
印　次	2023 年 7 月第 1 次印刷
书　号	ISBN 978-7-5719-2068-5
定　价	69.00 元

前　言

　　高职院校思想政治教育是由高职院校思想政治教育者按照一定的社会政治要求、思想观念、道德规范，利用环境、机制、载体等手段，对受教育主体施加有目的、有计划、有组织的影响，进行的政治教育、思想教育、道德教育和心理教育等实践活动。随着中国信息化建设的提速，网络对思想政治教育的影响还在不断加强。网络思想政治教育之所以能够快速发展，不仅基于网络技术的不断进步，也得益于受教育者与网络关系的日益密切。当前，思想政治教育的主要对象，可以说基本上都是伴随着网络成长起来的一代，他们无论是思维方式、价值取向、行为习惯等，都显示出网络时代的某种印记。他们的思想认知、道德观念、价值判断和行为方式无不受到网络的深刻影响。他们是属于这个时代的，就像网络属于这个时代一样，与网络已经形成了一个共同体，既相互影响，相互作用，又相互依赖，难以分离。

　　本书属于新时代高职院校思政育人方面的著作，本书从新时期思政育人呈现出的复杂性与综合性、新时期思政育人发展与创新面临的机遇与挑战出发，结合思政育人新需求、新特征，策划高职院校思政育人策略，创造性地提出集实践育人、网络育人、文化育人、协同育人等于一体的思政育人体系；并通过科学合理的可量化的"考评引领体系"促使其持续改进，健全思政育人的管控机制，促进思政课教学质量的提升和教师教学科研水平的全面提高。

本书集理论性、知识性和实用性于一体，深入浅出、贴近实际、贴近师生，具有较强的针对性和可操作性，对从事高职院校思政专业的研究学者与思政管理工作者有学习和参考的价值。

鉴于时间仓促、水平有限，书中疏漏不足和错误之处在所难免，敬请广大专家、学者、读者批评指正，以便今后修改完善。

作者

2023 年 2 月

目 录 contents

第一章 高职院校思政教育过程及其规律

第一节 高职院校思政教育概念

一、高职院校思想政治教育学的学科特点

高职院校思想政治教育学作为一门学科，具有自己的学科特点。这些特点包括阶级性、实践性和综合性。

（一）阶级性

阶级性是指高职院校思想政治教育学的内容具有阶级的特性。它的阶级性表现为以下两点。

第一，思想政治教育的学科理论针对我国广大人民群众的根本利益。它用马克思主义理论来武装和组织群众，提高其理论水平和思想素质，使广大人民群众能更好地从事社会主义现代化建设，创造更多的社会财富，不断提高其物质文化生活水平。

第二，高职院校思想政治教育学的理论受党的路线、方针、政策的指引，为社会主义意识形态服务。思想政治教育作为一项社会实践活动，直接运行于社会有机体中的上层建筑领域，因此，以思想政治教育运行为研究对象的高职院校思想政治教育学必然受到上层建筑中各种要素的制约，并服务于占主导地位的社会主义意识形态。

（二）实践性

实践性是指高职院校思想政治教育学具有来源于实践又指导人们从事实践活动的特性。其实践性主要表现为以下三个层面。

第一，高职院校思想政治教育学是在思想政治教育实践活动的基础上产生和发展起来的。没有这方面大量的思想政治教育实践活动，就没有这门学科理论体系的产生。这里讲的思想政治教育实践活动，既包括党的思想政治教育实践活动，也包

括中外历史上的思想政治教育实践活动。

正是这些长期的大量的实践活动，为高职院校思想政治教育学理论体系的构建和完善提供了丰富的实践经验和理论成果。

第二，高职院校思想政治教育学指导思想政治教育实践活动的开展。这门学科的理论构建起来后能够指导思想政治教育的实践活动，促进思想政治教育的科学化，取得良好的教育效果，使思想政治教育在社会主义建设的各项工作中更好地发挥保障和服务作用。

第三，高职院校思想政治教育学要接受思想政治教育实践的检验。高职院校思想政治教育学的学科体系是在一定的社会背景和人们认识水平的基础上建立起来的，由于社会发展阶段的局限性和人们认识的局限性，这就不可避免地使高职院校思想政治教育学在社会和人的认识发生变化后，原有的理论体系出现一些不适应。因此，高职院校思想政治教育学只有不断接受思想政治教育实践的检验，在实践中充实新的理论，才能与时俱进和日趋完善。

（三）综合性

综合性是指高职院校思想政治教育学的理论体系具有将相关学科知识吸收为本学科知识的特性。

高职院校思想政治教育学的综合性体现在两个层面：一是从高职院校思想政治教育学的内容结构分析，其构成内容以思想政治教育理论为主体，还吸收其他相关学科的知识，从而具有综合多门学科知识的属性；二是从高职院校思想政治教育学的学科体系分析，高职院校思想政治教育学的学科知识结构是一个由多种因素组成的综合体。它既有马克思主义的部分原理，也有思想政治教育理论，特别是中国共产党思想政治教育理论，还有教育学、政治学、伦理学、社会学等其他学科的相关知识。这些知识组合起来，就构成了高职院校思想政治教育学的理论体系。

二、高职院校思想政治教育学的学科体系

（一）高职院校思想政治教育学的理论体系

高职院校思想政治教育学的理论体系是由本学科特有的概念、范畴和术语以及由它们组织起来的基本理论和研究方法所构成的知识体系。人们认为，高职院校思想政治教育学的理论体系主要由以下三大部分组成。

第一，高职院校思想政治教育学基本理论。它表现为高职院校思想政治教育学

特有的一系列基本概念和基本原理，包括高职院校思想政治教育学理论基础，即马克思主义思想政治教育理论，高职院校思想政治教育学研究对象和基本范畴，思想政治教育的地位和功能，人的思想品德形成发展规律，思想政治教育过程及其规律，思想政治教育者与教育对象，思想政治教育的目的、任务、内容及原则，思想政治教育与环境的相互作用等。

第二，思想政治教育史。它是关于思想政治教育起源与发展历史的理论。思想政治教育是人类历史的产物，随着社会的发展变化而不断发展。了解思想政治教育的历程，总结并借鉴其历史经验，对于开展思想政治教育的理论研究和实际工作都有重要意义。有关思想政治教育史的理论知识是思想政治教育理论体系不可或缺的组成部分。这一部分内容包括马克思主义诞生前（包括奴隶社会、封建社会、早期资本主义社会）的思想政治教育史、近现代资本主义的思想政治教育史、无产阶级的思想政治教育史等。在这笔丰富的历史遗产中，无产阶级思想政治教育史尤其是中国共产党思想政治教育史的历史经验和优良传统，应该是研究的重点。在社会主义现代化建设进程中，尤其应注意总结党的思想政治教育丰富的历史经验，发扬其优良传统，以更好地培育"四有"新人。

第三，高职院校思想政治教育学的分支学科。在关于高职院校思想政治教育学理论体系的讨论中，许多人认为思想政治教育的方法理论和管理理论均是高职院校思想政治教育学理论体系的组成部分。现在看来，这一看法值得进一步斟酌，因为随着高职院校思想政治教育学理论研究的深入，其分支学科逐渐增多，如果每一分支学科都被看作高职院校思想政治教育学理论体系独立的组成部分，那这一理论体系就处于极不稳定的状态，也缺乏弹性。因此，高职院校思想政治教育学理论体系的第三个部分可概括成"高职院校思想政治教育学的分支学科"，包括思想政治教育方法论、思想政治教育管理学、思想政治教育心理学等。高职院校思想政治教育学分支学科是运用高职院校思想政治教育学基本理论研究思想政治教育某一领域、某一方面所形成的学说，既与基本理论密切联系，又有其自身的相对独立性。无论是对于高职院校思想政治教育学科建设，还是对于思想政治教育实践，分支学科都有着十分重要的意义，值得深入研究。

（二）高职院校思想政治教育学的基本范畴

高职院校思想政治教育学范畴在思想政治教育实践的基础上产生，反过来又对其实践起指导作用。范畴研究有利于揭示思想政治教育的本质和规律，有利于推进高职院校思想政治教育学科研究的不断深化。

高职院校思想政治教育学范畴研究是近年来高职院校思想政治教育学研究的重要领域。由于各自的观点不同、研究的角度不同，学者们提出的范畴也各不相同，意见分歧较大。有学者对其做了较为系统的梳理，认为高职院校思想政治教育学范畴是一个由起点范畴、中心范畴、中介范畴、结果范畴和终点范畴所构成的范畴体系。我们认为，高职院校思想政治教育学范畴可分为两大层次，即基本范畴和一般范畴。基本范畴是范畴中最本质、最稳定、最普遍的部分，它们应该是思想政治教育规律的具体反映，数量不宜太多；一般范畴的范围则可以宽泛一些。以下对高职院校思想政治教育学的若干基本范畴做简略探讨，以期深化对高职院校思想政治教育学范畴的讨论和认识。

1. 个人与社会

个人与社会是揭示人的本质和思想政治教育本质的重要范畴。马克思主义认为，个人是历史的具有社会性的个体，社会则是以共同的物质生产活动为基础而相互联系和运动发展的人类生活共同体。马克思指出，个人是一个特殊的个体，并且正是他的特殊性使他成为一个个体，成为一个现实的、单个的社会存在物。然而，人的本质不是单个人所固有的抽象物，在其现实性上，它是一切社会关系的总和。现实的人总是生活在一定的社会关系之中，每个人都不能离开社会而生存，人的生存和发展受到社会的制约。社会也总是人的社会，由无数个体所组成，离开了人，社会也就不复存在了，人在受到社会制约的同时也会作用于社会。个人与社会的这种紧密联系、相互依存的关系启示我们，在研究人的思想和行为时，不仅要看到个人和个人行为，而且要看到个人及其行为的背景，即一定的社会结构和社会关系；在进行思想政治教育时，不仅要注意教育的影响作用，还要注意包括社会结构和社会关系在内的多种因素所造成的社会环境的影响和制约。同样，研究社会生活和社会关系也不能忽视人和人的活动，因为社会生活和社会关系都是由人的活动所创造并改变着的。要建设社会主义现代化，形成良好的社会关系，就必须重视个人的社会化，努力培养"四有"新人。由此可见，个人与社会这一对范畴规定着思想政治教育的任务。

2. 思想与行为

人的总体面貌往往表现为思想与行为两个方面。思想与行为就是揭示人的思想活动和行为表现相互关系的范畴。高职院校思想政治教育学所研究的思想，是指制约人的行为的各种精神因素的总和，包括人的理性认识（这是主要的）和部分感性认识；行为则是在思想支配下所产生的言论、活动等外在表现。人的思想和行为紧密相连，相互作用。思想是行为的先导，支配和改变行为；除条件反射行为外，人的行为都受到思想不同程度的制约。行为表现思想，并通过其效果对思想产生反馈作用。人的思想和行为在很多时候是一致或基本一致的，因而可以通过人的思想预知其行为，也可以通过人的行为分析其思想。然而在现实生活中，在许多人身上，思想和行为的不一致是经常发生的，表现为知行脱节、表里不一。引导人们形成正确的思想，并帮助人们解决思想和行为脱节的矛盾，使人们在社会实践的过程中按照社会要求实现思想和行为的统一，正是思想政治教育的重要任务。由于高职院校思想政治教育学要研究如何使人们形成符合社会要求的思想，如何使人们正确的思想转化为相应的行为，因此，对思想与行为范畴的科学把握，有助于揭示人的思想品德形成发展的规律以及思想政治教育的规律。

3. 内化与外化

内化与外化是揭示人的思想行为变化发展过程及其规律的重要范畴。内化是指在思想政治教育过程中，受教育者在教育者的帮助下将社会发展所要求的思想观念、价值观点、道德规范纳入自己的态度体系，使之成为自己品德意识有机组成部分的过程。外化则是指受教育者在教育者的引导下将已经形成的品德意识转化为行为表现和行为习惯的过程。思想政治教育是否有效，最重要的是看思想政治教育所传导的思想、观念、规范能否为教育对象所真正接受，即内化为他们的思想和态度，并通过相应的行为表现出来。因此，内化与外化就成为思想政治教育至关重要的问题。在思想政治教育过程中，内化与外化既紧密联系又有所不同。内化是教育者促使受教育者变"社会要我这样做"为"我要这样做"，外化则是教育者引导受教育者变"我要这样做"为"我正在（已经）这样做"。内化是外化的基础和前提，外化是内化的外显和表现，它们分别表明人的思想品德形成发展过程的不同阶段，也在某种意义上表明思想政治教育过程的不同阶段。当然，我们不能仅仅将内化与外化看作前后相继的两个阶段。因为内化中有外化，即在内化过程中会有相应的行为表现；外化中也有内化，即行为表现又会强化内化。两者实际上是思想政治教育过程和人的思想品德形成发展过程中侧重点各有不同的联系密切的两种活动，它们共同推动受教育者的思想不断向社会要求的方向发展。

4.教育主体与教育客体

教育主体是指思想政治教育过程中有目的地施加教育影响的教育者，教育客体则是指接受思想政治教育影响的受教育者。教育主体与教育客体是思想政治教育过程中的两个基本因素，两者之间的关系是教育过程中最基本的关系。教育主体与教育客体这对范畴就是反映两者之间关系及互动规律的基本范畴。在具体的思想政治教育过程中，教育者是主体，处于主导地位，发挥着主导作用；受教育者则是教育所作用的对象，是客体。两者的区别是明确的，但两者的界限又是相对的，不存在绝对的教育者和受教育者。思想政治教育者既是主体又是客体：一方面，教育者必先受教育，只有很好地学习并领会社会发展的要求，才能充分发挥其主导作用；另一方面，现代社会信息双向交流的特点，决定了教育者在施教的同时亦要向教育对象学习，不断充实、完善自己，以便更有效地开展思想政治教育。受教育者既是客体又是主体：受教育者在受到教育影响时，是客体；但教育影响只有通过受教育者主动积极地接受、消化，通过自身内在的思想矛盾运动，才能起作用，受教育者在这个过程中又起着主导作用，是自我教育的主体。教育主体与教育客体相互联系、相互作用的关系，规定着思想政治教育的诸多原则。正确处理两者的关系，必须贯彻疏导原则、身教与言教相结合的原则、教育与自我教育相结合的原则等，在发挥教育者主导作用的同时，充分发挥受教育者的主动性、能动性、创造性，从而达到思想政治教育的目的。

5.教育与管理

教育与管理是反映思想政治教育与其重要的平行子系统——管理之间的相互关系的重要范畴。思想政治教育是教育者对受教育者施加有组织、有计划、有目的的教育影响的实践活动，主要靠说服教育、以理服人、以情感人，达到提高受教育者思想道德素质的目的。管理则是组织运用经济、行政、纪律、法规等手段规范人们的行为，以维护正常的工作和生活秩序的实践活动，主要靠规范约束，带有一定的强制性。管理和思想政治教育是两种不同的活动，二者性质不同，功能有异，但又有着密切的联系，在实际工作中，二者相互渗透，互为基础，互相促进，相辅相成。一方面，思想政治教育离不开管理。科学的、规范的管理可以起到理顺关系、化解矛盾、促进社会活动有序进行的作用，这在客观上有助于营造良好的思想政治教育环境，有利于促进人们良好的思想品德及行为习惯的形成。可见，有效的管理是思想政治教育顺利进行并取得实效的重要基础。另一方面，管理也需要思想政治教育的作用。只有在科学管理的同时，加强思想政治教育，使人们对法规、制度、纪律等管理手段产生认同感，自觉遵守它们，管理的作用才能更好地发挥。管理和思想政治教育紧密联系、相互作用的关系，要求高职院校思想政治教育学要把管理纳入自己的研究视野，认真研究管理在思想政治教育过程中的功用及其发挥功用的特征，为在实践中更好地发挥管理的教育作用提供理论指导；同时也要求高职院校思想政治教育学认真探讨如何将思想政治教育渗透到管理之中，以更好地作用于教育对象。

仅从上述简略的讨论中就可看出，范畴研究关系到高职院校思想政治教育学科建设的方方面面。加强高职院校思想政治教育学范畴研究，必将促进高职院校思想政治教育学科建设向高水平发展。

第二节　思想品德的形成与发展过程

人的思想品德的形成与发展是高职院校思想政治教育学的重要研究对象之一。研究高职院校思想政治教育过程及其规律，离不开对人的思想品德的形成、发展过程及其规律的研究。

一、思想品德的含义

从高职院校思想政治教育的实践来看，人的良好思想品德的形成过程与高职院校思想政治教育过程是统一的、协调的、相辅相成的。高职院校思想政治教育的开展和完成过程，就是人们思想品德形成和发展的过程。

思想品德是一种社会意识，是一个由多种要素构成的综合系统。它是人们在特定的思想体系指导下，根据一定社会规定的道德准则行动时，表现在其身上的相对稳定的心理特点、思想倾向和行为习惯的总和。作为社会意识，思想品德总是由一定的社会存在所决定，反映并反作用于一定社会的社会存在。在阶级社会中，思想品德具有鲜明的阶级性。

二、思想品德的构成

思想品德具有集合型的特征。一般来说，思想品德系统由心理、思想、行为三个子系统及其包含的多种要素所构成。

（一）心理子系统

心理是思想品德的基础。作为思想品德构成部分的心理子系统，具体包括人们的认识、情感、意志、信念等多种要素，这些要素共同构成人们思想品德形成与发展的基础和条件。具体表现为：人们思想品德的形成、发展发端于认识、情感、意志、信念等要素的运动变化，这些心理要素的发展变化是思想品德形成、发展的先导；人们的认识、情感、意志、信念等要素影响需要发展的方向和强度，决定动机的性质，成为推动思想品德形成与发展的动力；人们的兴趣、性格、气质、能力、态度等个性心理特征不同程度地影响着思想品德的形成与发展，成为思想品德的形成与发展必不可少的重要条件。

（二）思想子系统

思想是思想品德的核心。作为思想品德构成部分的思想子系统，具体包括人们的世界观、人生观、价值观、政治观、道德观等要素，这些要素共同构成思想品德的内在本质和核心。思想是一个多层次的体系，具体表现为：作为联结心理和行为之间的纽带和桥梁，思想不仅制约、决定着心理的方向和内容，而且支配着人的行为；思想由一定的社会关系所决定并反映和服务于一定的社会关系，世界观、人生观、价值观、政治观、道德观等思想要素集中地体现了思想品德的社会内容；具有鲜明时代性、阶级性的世界观、人生观、价值观、政治观、道德观等思想要素决定着思想品德的性质、面貌和发展方向。

（三）行为子系统

行为是思想品德的外显。作为思想品德构成部分的行为是指教育对象经常表现出来的自觉的品德行为，在思想品德构成中有着相对独立的重要地位。具体表现为：行为是思想品德形成、发展的外在标志和体现，行为习惯是思想品德的真实内容和最终落脚点，良好品德行为的养成是高职院校思想政治教育的根本和直接任务。

心理、思想和行为虽然有着不同的内涵和外延，但彼此不是孤立存在的，三者之间互相联系、互相渗透、相辅相成、密不可分，共同构成一个完整的统一体，这就是人的思想品德。可见，思想品德是由心理、思想、行为三个子系统及其包含的多方面要素共同作用所构成的复杂综合体系。

三、人的思想品德的形成与发展过程

人的良好品德素质和正确的思想政治观点既不是与生俱来的，也不是自发生成的。人的思想品德是主观因素和客观因素交互作用的产物，思想品德的形成、发展过程是其外在因素制约和内在因素转化的辩证统一的过程。这就是说，人的思想品德的形成是一个由个体内部心理因素——知、情、意、信、行与外部因素——社会环境与教育环境共同作用的结果。

（一）内在因素转化过程

思想品德形成的内在因素，是指主体内在的思想矛盾与冲突，表现为复杂的心理活动过程。这种内在因素主要有认识因素、情感因素、意志因素、信念因素和行为因素等。任何一种思想品德的形成，都是这些主体内部因素积极参与的结果。

第一，认识因素。这里的认识因素主要指人们的思想、政治、道德观念，它是人们对是非、真伪、善恶、荣辱的认识、判断和评价。

认识因素是思想品德素质形成、发展的先决条件。认识是行为的先导，每个人思想品德的形成与发展都离不开相应的思想、政治、道德观念。一般来说，人们的认识越深刻、全面、正确，对事物的判断越科学，形成的思想政治观点就越坚定，外化为正确行为的可能性也就越大，正确行为坚持的恒久性也就越长。所以，个人思想品德素质的高低一般与其是非观念的鲜明与否、辨别能力的强弱和认识水平的高低密切相关。认识因素在思想品德的形成、发展过程中是品德行为的先导，其发展不仅是情感、意志、信念形成发展的必要条件，而且贯穿于思想品德形成的各个方面。

第二，情感因素。这里的情感因素主要指的是政治情感与道德情感，它是人们根据一定的政治主张、思想观点和道德规范对社会和自身的思想、政治、道德行为做出善恶判断、确定爱憎态度时引起的内心体验。

情感源于认识，伴随着认识的过程而产生和发展。情感具有双重性：一方面表现为它是政治认识和道德认识升华为政治信念和道德信念，外化为政治行为和道德行为的动力；另一方面又表现为它可能是这种升华或外化的阻力。当个人对某个事物产生了情感，有了强烈的爱憎、好恶时，他自身就会形成一种巨大的力量，推动他对事物采取追求或舍弃、赞成或反对、适应或改造的行为；相反，如果他对此表现出冷漠的态度，缺乏必要的情绪体验，其认识也往往停留在口头上，很难转化为行为。因此，培养人们在思想政治品德方面的情感，如爱国主义、国际主义、集体主义、事业感、荣辱感、责任感等，具有十分重要的意义。

第三，意志因素。这里的意志因素主要是指人们在实践某种理想、任务或行为的过程中，面对存在的困难和障碍时，所表现出来的能够自觉地不断战胜困难和克服障碍的毅力。

意志对人们思想品德的形成、发展发挥着重要的调节、监督、控制作用，是人们在思想品德素质形成和实践过程中，从认识、情感向行为转化并巩固为行为习惯的关键环节。意志表现为行动过程中的锲而不舍和实现理想、目标时的持之以恒，它能使正确的动机战胜不正确的动机，使理智战胜欲望，制止错误行为的发生。它帮助人们自觉地调节言行和情感，帮助人们克服来自主客观方面的各种干扰和障碍，无论是在顺境还是逆境中，都能坚持自己认为正确的行为方式。因此，它也是一种自我控制、自我约束的能力。一般来说，顽强的意志来自深刻的认识、深厚的情感和坚定的信念。是否具有坚毅果敢的意志，决定了人们能否达到一定的思想道德水平。

第四，信念因素。这里的信念因素主要是指人们发自内心地对某种政治主张、思想观点、道德规范产生由衷信仰并努力身体力行的精神状态。

信念是认识和情感升华到一定高度后产生的，是情感化了的认识，集中体现了个人情感的倾向性和意志的坚定性，是认识、情感、意志发展到一定水平的象征。它与知、情、意相比，更具有综合性和持久性的特征。信念一旦形成，就会使行为强大而具有持久的动力，成为意志的加油站和定向器。人们只要有了一定的政治信念与道德信念，就能保证将认识付诸行动，并在任何情况下都毫不动摇地持之以恒。信念相对前三者而言，根据其综合性、稳定性和持久性等特点，它在个体的思想品德中居于主导地位，是驱动和指导个体行为的重要心理因素。

第五，行为因素。这里的行为因素主要是指人们在一定的认识、情感、意志、信念支配下所采取的行动。它是知、情、意、信的外在表现，是人们内心世界的显露，也是人的政治思想品质的综合反映。因此，它是衡量人的思想政治觉悟高低和道德品质优劣的重要标志。

行为习惯形成之后，又反过来作用于知、情、意、信、行诸因素，它对于认识的巩固与深化、情感的丰富与升华，以及意志的锻炼和信念的形成，起着很大的作用。由于行为是思想政治品德形成的最终标志，所以，引导人们产生正确的行为，并在多次重复正确行为的基础上形成良好习惯，具有至关重要的意义。

上述知、情、意、信、行诸因素是相互渗透、相互制约、相互促进的。它们之间的矛盾运动形成了思想品德素质的内在机制；同时，它们之间在发展方向和发展水平上的不一致和不平衡，为高职院校思想政治教育提供了客观依据。高职院校思想政治教育就是要通过晓之以理、动之以情、炼之以志、树之以信、导之以行等方面的有机结合，促进受教育者知、情、意、信、行诸因素相互作用、辩证发展，逐步达到发展方向和水平上的一致和平衡，形成良好的思想品德。

（二）外在因素制约过程

马克思主义认为，社会存在决定社会意识，社会意识是社会存在的能动的反映。观念的东西不外是移入人的头脑并在人的头脑中改造过的物质的东西而已。人的思想品德的生成除自身内部因素的作用外，社会环境的影响也非常重要。可以说，社会的经济、政治、法律、文化、道德诸关系都制约着人的思想品德的生成。受教育者所处的社会环境等外部影响因素，归纳起来有以下几个方面：

第一，社会存在和社会意识环境。受教育者生活和成长在其中的社会存在和社会意识环境，具体来说，包括社会经济制度、社会政治制度、社会主导的意识形态以及各种思想和文化。这些社会存在和社会意识因素在某种程度上对受教育者思想品德的形成起着决定性的作用。

第二，社区环境。受教育者所生活的社区环境，具体包括社区的自然条件、人文环境、日常生活和生产的特点等。人是社会群体动物，每个受教育者都是生活在一定的社会群体之中的，必然会受到所在社区环境的影响，这在一定程度上对受教育者的人格、品德都会产生潜移默化的影响作用。

第三，家庭环境。家庭是一个人生活最早、最长久的地方，家庭群体之间往往是相互影响的，个人最初的社会化离不开家庭，家庭环境对人的思想品德的形成和发展具有深远的影响。

第四，高职院校教育环境。高职院校是培养人、塑造人的主要场所。由于高职院校的培养方式更具有针对性、计划性，所以，它对人的影响和发展最深远也最直接，对人的思想品德的形成也就更具有指导性。

第五，非正式交往环境。这里所说的非正式交往环境，具体包括邻居、朋友、熟人以及由于各种原因而暂时介入的各种群体。它对人的思想品德的形成作用巨大。因为人们参与其中的有益的交往、有益的活动，必然受到正向的影响，而这种正向影响在一定层面是社会教育的一部分。

第六，社会舆论环境。社会舆论导向也在很大程度上制约着受教育者的思想，影响着受教育者思想品德的发展。正确的舆论导向、良好的社会风气和人际心理环境，是使人形成良好的思想品德的重要社会条件。这也正是强调高职院校思想政治教育"大气候"的重要性的意义所在。

总之，人的思想品德形成与发展的外部制约过程，是社会环境对人的思想品德的决定作用和人对社会环境的主观能动作用并以社会实践为中介而构成的双向互动过程。

第三节 高职院校思政教育过程的特点与环节

高职院校思想政治教育过程是教育者和受教育者在一定目的的指导下，借助一定的方式和手段来进行互动的过程。这一过程，可以从多角度、多方面进行分析。

一、高职院校思想政治教育过程的概念

高职院校思想政治教育过程是教育者根据一定社会的思想品德要求和受教育者思想品德形成发展的规律，对受教育者施加有目的、有计划、有组织的教育影响，促使受教育者产生内在的思想矛盾运动，以形成一定社会所期望的思想品德的过程。这一过程的实质就是把一定社会的思想观念、价值观点、道德规范转化为受教育者个体的思想品德。对高职院校思想政治教育过程概念的理解，应包含如下三方面：

第一，高职院校思想政治教育过程是一种活动过程，是高职院校思想政治教育活动的展开、运行、发展的流程。活动是高职院校思想政治教育过程的基础，高职院校思想政治教育过程可以看作是由教育活动或单独或先后衔接或横向呼应所构成的。

第二，高职院校思想政治教育过程是一种有目的的活动过程。与一般的活动特别是自发活动不同，高职院校思想政治教育活动是根据教育目的，即依据一定的社会要求和受教育者精神世界发展的需求及其思想实际所确定的高职院校思想政治教育目标组织起来的。高职院校思想政治教育过程就是教育者和受教育者借助一定的教育手段、方式进行互动，实现高职院校思想政治教育目的的过程，也就是通过教育，使受教育者在思想品德上逐渐达到社会要求的过程。

第三，高职院校思想政治教育过程是教育者和受教育者共同参与、相互作用的过程。教育者和受教育者是高职院校思想政治教育过程的两个主要因素，无论离开了哪一方面，教育过程都不能成为完整的过程。过去在对高职院校思想政治教育过程进行研究时，人们常常强调教育者的主导作用，这无疑是正确的，今后也还要继续强调；然而因此而忽视受教育者在这一过程中的主体能动性，却是不对的。因为教育者施加的教育影响，只有在受教育者发挥主观能动性并积极接受的情况下，才能真正产生作用。因而在高职院校思想政治教育过程中，应特别重视教育者的组织、引导、教育与受教育者能动的认识、体验、践行相结合，使之成为内在的统一过程。

　　为了更好地认识高职院校思想政治教育过程，将其与人的思想品德形成过程和环境影响过程进行比较是必要的。

　　高职院校思想政治教育过程和思想品德形成过程是两个不同的概念，两者的关系实际上是教育活动和品德发展的关系。如前所述，高职院校思想政治教育过程是教育者有目的地影响受教育者思想品德形成的过程，属于教育活动的范畴。它是从外部对受教育者施加积极影响的过程，也是教育者和受教育者相互作用的过程。而思想品德的形成过程则是指人们思想政治方面、道德方面的认识、情感、行为，从简单到复杂，从低级到高级，从量变到质变的矛盾运动过程，属于人的发展的范畴。这是一个在外界因素影响作用下，受教育者主体内部思想矛盾运动的过程，也是一个受教育者主体与外界各种影响因素相互作用的过程。高职院校思想政治教育是有意识地促进人的思想品德形成的过程，但它只是影响思想品德形成的一个因素，除此之外，还有多方面的社会因素对思想品德的形成产生影响。马克思指出，人的本质在其现实性上，是一切社会关系的总和。这一思想告诉我们，受教育者的思想品德是在人们相互间的经济、政治、思想、文化、道德的关系中，通过家庭、高职院校、社会等各方面的综合影响而形成的。在这些影响因素中，校内和校外的、正式和非正式的、可控制和不可控制的因素相互交错、互相制衡。人们的思想品德就是在这众多因素的影响及其交互作用下，在主体的实践活动过程中形成的。

　　当然，高职院校思想政治教育过程与思想品德形成过程又有着密切的联系。高职院校思想政治教育过程是为了帮助人们形成良好的思想品德而展开的，它是思想品德形成的重要外因，其效益最终要体现在人的思想品德形成过程中并接受它的检验。人的思想品德的形成过程离不开高职院校思想政治教育过程的作用；高职院校思想政治教育过程是思想品德形成过程正确的发展方向的重要保证，思想品德形成过程在某种意义上讲是高职院校思想政治教育过程的微观表现。由此可见，两者有着紧密的联系。我们既要注意其区别，也要看到其联系，从而更好地组织高职院校思想政治教育，促进人的思想品德形成朝着社会要求的方向顺利发展。

　　思想品德的诸多影响因素，可分为教育影响因素和环境影响因素两大类。是否具有明确的目的性是区别自觉的教育影响和自发的环境影响的根本标志。凡是为实现既定的高职院校思想政治教育任务，有目的地对受教育者施加教育影响的过程，都是高职院校思想政治教育过程。一般地说，党和政府、高职院校以及其他社会组织和团体、大众传播媒介等有计划地对人们施加的影响，是可控制的正式的影响，因而这些影响过程是有目的的教育过程，其影响从总体上讲是积极的。而凡是自发的、盲目的影响，都属于环境影响。这种影响无疑也会作用于受教育者的思想品德，但其作用则是非常复杂的，既可能是积极的，也可能是消极的，而且这种影响难以控制。弄清这两者的区别，有助于我们更好地理解和把握高职院校思想政治教育过程的概念，也有助于我们更好地调控环境因素的影响。

二、高职院校思想政治教育过程的要素

高职院校思想政治教育过程，是教育者对受教育者施加教育影响、促使受教育者通过自我教育接受教育影响并反馈给教育者的一个不断循环往复的运动过程。从某种意义上讲，这一过程等同于高职院校思想政治教育活动。这一过程或活动所必备的要素有哪些呢？关于这一问题，有许多不同的观点，其中大家较为认同的一种观点是高职院校思想政治教育过程的要素包括：教育主体（教育者）、教育客体（受教育者）、教育介体、教育环体（教育环境）。我们认为，高职院校思想政治教育是一个系统，其运行过程是由这一系统的诸多要素相互联系、相互作用构成的，也就是说，是教育者和受教育者在一定的教育目的的指导下，借助一定的方法、形式相互作用的过程。如果把教育目的、内容、方法、活动形式等联系教育者和受教育者之间的纽带看作一个整体因素，那么，高职院校思想政治教育过程的基本因素就是教育者、受教育者、教育介体。至于教育环境，则是高职院校思想政治教育系统之外的因素，不能将其看作是高职院校思想政治教育过程的要素。当然，这并不等于说在进行高职院校思想政治教育时不考虑环境因素，整个教育过程都是在一定的环境里进行的，不考虑它是不行的，然而将它作为高职院校思想政治教育过程的要素则是不适当的。

在高职院校思想政治教育过程中，这三个要素紧密相连、互相制约、互相依赖，整个教育过程就是不断解决这几个要素之间的矛盾的无限循环过程。在把握高职院校思想政治教育过程时，要防止对这三个基本要素联系的割裂，反对片面强调某一因素的作用的倾向。要从三个要素相互制约的关系出发，来规定高职院校思想政治教育的目标、任务、内容、途径、方式、方法等。如在确定高职院校思想政治教育的目的和任务时，就不仅要考虑社会要求，而且必须考虑受教育者的思想实际，因为受教育者自身发展的一般水平对目的和任务的制定也会产生影响。也就是说，高职院校思想政治教育不仅要提出受教育者思想品德塑造的长远目标，更要考虑受教育者对教育影响的感受性与接受可能性，即教育要求与受教育者思想品德演进的"最近发展区"的紧密联系，据此提出切实可行的中短期目标。总之，在处理高职院校

思想政治教育过程基本要素的关系时，既要注意克服不顾受教育者的思想现状而过分强调社会要求的倾向，或过分突出教育者的控制作用而忽视受教育者的主动性的倾向，又要注意克服不顾社会要求、放弃教育控制而过分强调受教育者的思想现状的倾向。

三、高职院校思想政治教育过程的环节

高职院校思想政治教育过程的环节是指在高职院校思想政治教育过程中相互关联的若干阶段。一般来讲，这些阶段有先有后，教育者开展教育活动，须一个阶段一个阶段地进行。因此，高职院校思想政治教育过程的环节，也可以看作是教育者对受教育者施加教育影响所必须遵循的一般工作程序。

关于高职院校思想政治教育过程的环节，有的论著认为有四个：确定教育目标和制订教育计划、选择教育机制、指导受教育者践行社会要求、总结检查。有的论著认为有三个：确定目标，制订计划；实施影响，促成转化；信息反馈，评估控制。还有一些其他观点。总的来看，这些观点大同小异，没有原则分歧。人们认为，从高职院校思想政治教育过程的内在特征来看，确定目标、制订计划、选择机制都属于高职院校思想政治教育方案的内容，因而本书将高职院校思想政治教育过程分为方案的制订、实施等阶段。

（一）高职院校思想政治教育方案的制订

高职院校思想政治教育方案的制订是指教育者根据受教育者思想品德的发展状况以及高职院校思想政治教育的实际情况，为达到一定目标，遵循一定的原则和程序，制订出各种行动方案并从中选出最优方案的过程。制订方案是高职院校思想政治教育的起始阶段，对整个教育活动的成效有决定性的影响。一般认为，制订高职院校思想政治教育方案的程序由下列基本步骤组成。

1.搜集信息，发现问题

制订高职院校思想政治教育方案，其目的是要解决高职院校思想政治教育现存的或潜在的某一问题。而要解决问题，就要发现问题，因而发现问题就成为制订高职院校思想政治教育方案的第一步。为了使方案符合实际，教育者就要善于发现问题并对问题进行科学诊断，即对某个问题进行系统的分析，正确把握构成问题的各种条件，明确问题的性质和范围，找出问题产生的原因，以便有针对性地确定教育目标，提出解决问题的措施和办法。如果不能及时发现问题或对问题诊断有误，就无法确定教育目标，方案就有可能全盘出错。实践表明，在制订高职院校思想政治

教育方案过程中，因问题诊断错误而引起的失误，要比对问题认识正确但方案不当所引起的失误大得多。可见，发现问题并正确地分析问题是制订方案的前提，对高职院校思想政治教育能够顺利进行并取得实效，具有重要意义。

在现实生活中，受教育者存在的思想认识问题以及由这些问题引起的高职院校思想政治教育中的矛盾是多种多样并不断发生着变化的。这些问题或矛盾相互联系，相互作用，有主有次，性质各不相同，发展趋势也各异。教育者要善于在纷繁复杂的问题或矛盾中把握关键的问题，找出一定时期内受教育者的思想品德和高职院校思想政治教育中所要解决的主要矛盾，针对这些主要矛盾和关键问题制订方案。只有这样，才能通过对一定时期内的主要矛盾、关键问题的解决，带动其他矛盾、问题的解决，从而推动高职院校思想政治教育活动顺利开展，推动受教育者的思想不断向社会要求的方向变化。

要发现和提出问题并抓住主要矛盾，教育者除了提高自身的马克思主义理论水平、分析和解决问题的能力以外，还必须充分收集受教育者思想品德的有关信息资料。没有充分的信息资料，我们就无法认识受教育者思想品德的现状和特征，无法提出问题，当然也就无法制订方案。充足的信息是制订高职院校思想政治教育方案的重要依据。因此，教育者应通过各种形式、途径，深入了解受教育者思想品德和高职院校思想政治教育的现状、特征及变化发展趋势，了解影响他们的各种复杂的社会环境因素，充分掌握相关信息，为正确制订高职院校思想政治教育方案奠定基础。当然，并不是所有进入教育者视野的信息都是为制订方案所需要的信息，为制订方案所需要的信息必须满足下述四个要求：一是"广"，教育者所获取的信息不应是零散的、残缺的，而应围绕特定目标或问题，相对地"全"。二是"准"，制订方案所需要的信息必须具有客观性，能够真实反映受教育者的思想实际和高职院校思想政治教育的实际。三是"精"，为制订方案所获取的信息必须具有针对性，必须是有序的、有系统的、高质量的信息。四是"快"，为制订方案所获取的信息必须是及时有效的。高职院校思想政治教育的信息具有很强的时效性，随着时间的推移，某些信息的价值会贬值，甚至会变得毫无价值。如果根据过时的信息制订方案，方案就会是无效的。总之，只有遵循这些要求，所获信息才会是真实可靠的，据此所提出的问题以及为解决这些问题所制订的高职院校思想政治教育方案才会是正确的、有价值的。

要做好信息收集工作，教育者首先需要具备明确的信息观念。只有具备了明确的信息观念，教育者才会重视信息的收集和研究，才会对各种思想信息有敏锐的感受，也才会在一个变化迅速的时代不失时机地掌握各方面信息。其次，要通过多种途径、运用多种手段收集思想信息资料。要加强调查研究，通过问卷、观察、访谈等方式掌握第一手资料；要善于通过传媒如报刊、广播、电视、网络等收集资料。最后，要掌握思想信息处理的科学程序，加强对思想信息的研究。只有这样，才能全面准确地掌握思想信息，为科学制订高职院校思想政治教育方案打下坚实的基础。

综上所述，搜集思想信息，发现和提出问题是制订高职院校思想政治教育方案的基础。在我国社会发生巨大变革，人们的思想日益复杂化、多样化、动态化的情况下，尤其要重视这一基础环节。教育者应特别注意搜集那些反映受教育者思想新变化的信息，从中提出由于时代的巨变而产生的新问题，并对这些问题进行认真的分析，从而有针对性地提出解决这些问题的措施和办法，帮助受教育者适应社会主义现代化建设的要求。

2. 确定高职院校思想政治教育的目标

在发现问题并对之进行系统分析以后，就要确定解决问题所要达到的结果，也就是确定高职院校思想政治教育的目标。高职院校思想政治教育目标是指在一定时期内教育者开展的各项高职院校思想政治教育活动所要达到的预想结果，它代表高职院校思想政治教育的方向和未来，规定着高职院校思想政治教育的基本任务和要求，也是衡量高职院校思想政治教育成效的重要标准。因此，确定目标是制订高职院校思想政治教育方案的关键环节。只有确定准确的目标，才能提出实现目标的教育内容、措施、方法，并根据目标的要求，选择教育的时机、人员。如果目标有误，无论后面的步骤如何到位，都必定会导致高职院校思想政治教育的失效甚至失误。因为按错误目标制订的最好方案恰恰就是最坏的决策。

确定高职院校思想政治教育目标的主要依据是社会发展的客观要求和受教育者精神世界发展的需求以及近期的思想品德状况。在确定教育目标时，首先要考虑上述两方面因素。同时，还必须注意下述具体要求：第一，目标必须有针对性。高职院校思想政治教育目标应当有的放矢，针对本地区、本部门、本单位高职院校思想政治教育中存在的问题，切中问题的要害，选中解决问题的突破口，或把握高职院校思想政治教育开拓发展的最好时机。第二，目标必须具体明确。高职院校思想政治教育目标词义的表达应当清晰，不能含糊不清和空洞抽象，不能这样理解可以，那样理解也行；必须有衡量目标是否达到的具体标准，即对目标进行具体分解，以便于操作；必须有目标实现的具体时间要求和约束条件等。第三，目标必须具有可行性。目标不仅要"应该""可能",而且更必须"可行"。也就是说,目标要实事求是,既要积极先进,能激励教育者和受教育者更好地开展活动,又要确实可行,经过施教和受教双方的努力可以实现。第四,目标必须分清主次缓急。高职院校思想政治教育的问题比较复杂,针对问题而出现的目标常常有多个,其中有些目标是近期内或一定时期内必须达到的,有些目标则是教育者希望达到的。在必须达到的目标中,要分清主要目标和次要目标,同时权衡轻重,列出先后次序,通过努力一个一个地加以实现。总之,教育者必须依据社会发展的客观要求和受教育者思想品德的实际来确定目标,并使之满足上述多方面的要求。只有这样,才能确定正确可行的高职院校思想政治教育目标,从而为高职院校思想政治教育方案的制订创造一个良好的前提。

3. 拟订高职院校思想政治教育方案

拟订方案就是制订高职院校思想政治教育计划。在拟订高职院校思想政治教育方案的过程中,"提出问题"指明的是高职院校思想政治教育所要解决的问题"是什么","确定目标"回答的是针对这些问题需要"做什么",而拟订方案是解决"怎么做"的问题。在提出问题,确定目标以后,就需要制订相应的行动计划,以便有效地组织各方面力量开展高职院校思想政治教育,以解决思想问题,实现高职院校思想政治教育目标。

实现一个高职院校思想政治教育目标的途径是多种多样的,什么途径最有效,什么方法最好,必须通过比较鉴别。这就要求高职院校思想政治教育者要拟订出相当数量而又质量高的可行方案,以便下一步从中选出满意的方案作为最后确定的行动计划。如果只有一个教育方案,就没有比较和选择的余地,也就无从选择;如果所拟订的备选方案质量都不高,那么下一步无论怎样选择也难以选出满意的方案。

拟订备选方案一般可分两步进行:

第一步,构思轮廓。也就是从不同的角度设计出各种各样的高职院校思想政治教育的可能方案(计划)。管理学理论一般用六个"W"来表示方案的内容:Why(为什么做)、What(做什么)、Who(谁去做)、Where(地点)、When(时间)、How(怎么做)。高职院校思想政治教育方案当然也应包括这些方面的内容,并且要尽可能全面详尽。值得注意的是,与一般的管理方案不同,在高职院校思想政治教育方案中,"谁去做"的"谁",不仅包括教育者,而且也应包括受教育者,因为高职院校思想政治教育过程是施教和受教双边活动的过程,高职院校思想政治教育任务的完成离不开受教育者的努力。备选方案的来源首先是过去的经验，包括方案拟订者自己的经验以及他人或前人的经验。但由于高职院校思想政治教育往往面临着许多新情况、新问题，因而要求用新的思想和方法去解决。因此，构思轮廓要解放思想，打破框框，大胆创新。要运用创造学中的组合出新意、联想出新意、离题出新意等原理，以及畅谈会法、形态方格法、综摄法等方法，激发方案拟订者的创造力，尽可能把一切方案都列举出来，为制订教育计划提供广阔的思考与选择空间。

第二步，设计细部。在提出各种可能的高职院校思想政治教育方案后，要经过初步对比与筛选，淘汰掉一些优越性不大的方案，对余下的方案精心设计，确定方案的细节，估计方案的实施结果。在这一步，拟订高职院校思想政治教育方案的人最重要的是要有冷静的头脑和求实的精神，同时要进行严格的论证和细致的推敲。

4.优选高职院校思想政治教育方案

根据高职院校思想政治教育目标拟订出各种备选方案后，接着就要对其进行综合评价，即对它们进行比较、权衡和论证，然后决定对它们的取舍。对方案进行评价和选择是制订高职院校思想政治教育方案的关键步骤，正所谓"千锤打鼓，一锤定音"。怎样才能从各种可行性方案中选择出最优方案呢？应依据什么标准来选择方案呢？在决策理论中，有人提出了评价与选择最优方案的三个标准，这三个标准对于评选高职院校思想政治教育最优方案也是适用的。

第一，价值标准。这里的价值泛指高职院校思想政治教育方案给受教育者和社会带来的实际效果。用价值标准来衡量，主要是看某种方案所带来的效果是否符合高职院校思想政治教育目标的要求。在众多的备选方案中，最能对症下药地实现所定教育目标的方案就是最佳方案。在这里，不仅和目标背道而驰的方案是不允许的，"隔靴搔痒""无的放矢"以及号称"万应药方"的方案也是无济于事的，应予舍弃。这一标准主要适用于那些目标单一且很具体的高职院校思想政治教育方案的评价与选择，相对来讲比较容易。

第二，总体最优标准。在制订高职院校思想政治教育方案过程中，单一而具体的目标毕竟是不多的，更多的是下述两种情况：一是目标抽象，难以用一个具体标准去直接评价方案的优劣，这就需要先把抽象目标分解为几个具体的子目标；二是某些高职院校思想政治教育方案本身就是多目标的。这两种情况都出现了多个目标，每一个目标都有不同的评价准则。

从这个目标的角度看是最佳方案的，从另一个目标的角度看未必理想。于是就很难找到对所有目标来说都是最优的方案，不同方案往往形成"各有千秋"的局面。这就需要采取总体最优标准，即从高职院校思想政治教育目标的总体要求出发，综合评价和衡量某一方案的最佳效果，从中选出最优方案。在运用这一标准时，可采用综合评分法、目标排队法、逐步淘汰法、层次分析法等具体方法，以便更准确地把握各方案的利弊得失。由于高职院校思想政治教育目标多为抽象目标或多目标，因而在评价和选择高职院校思想政治教育方案时应更多地使用这一标准。

第三，最优损益平均值标准。在高职院校思想政治教育中，由于存在许多不完全可控的因素，因而一个方案的执行结果常常难以准确预测，往往出现多种可能，甚至成功与失败的可能同时存在。在这种情况下，就需要对各种可能性出现概率的大小以及每种可能性的具体效果进行评估，然后用各种可能情况下的平均效果作为评价的标准。平均值效果越高，越是利多弊少，方案就越可取。由于高职院校思想政治教育方案的各种可能性后果往往是难以计量的，因此，在评价和选择方案时运用这一标准有一定难度，但这并不是说不能使用这一标准。人的思想和高职院校思想政治教育在特定因素的作用下总会呈现出一定的变化趋势。只要教育者具备系统的观点、科学的思想方法、丰富的判断经验、较强的预测能力，就能比较准确地估计各种方案的正向或负向的可能性后果，从而做出比较符合实际的方案选择。

在根据这些标准对高职院校思想政治教育方案进行综合评估和选择时，如果备选方案都令人满意，就可从中选择一个最优方案；如果几个备选方案都不理想，那就要放弃这些方案，重新拟订方案；如果备选方案各有长短，就需要吸取各种方案的长处，综合出一个新的更符合高职院校思想政治教育特定目标的最佳方案。

（二）高职院校思想政治教育方案的实施

关于高职院校思想政治教育方案的实施，有许多内容需要讨论。这里仅就实施的准备和教育活动的开展做一点论述。

在确定方案以后，就进入高职院校思想政治教育的实施阶段了。在这一阶段，首先要做的工作是制订一个方案的实施计划，以保证方案的顺利实施。实施计划应该明确规定和安排实施中各种具体措施、教育范围、期限和方向等，以利于高职院校思想政治教育方案的具体落实和贯彻执行。其次，在实施组织准备工作时，高职院校思想政治教育者要预先对方案的潜在问题进行分析。也就是在方案付诸实施前，就要考虑方案在执行过程中可能会出现什么问题，这些问题一旦出现后会产生什么影响与危害，同时要准备某些防范和应急措施，以减少那些潜在问题出现的可能性和危害性。如果未进行这项分析，未采取防范措施，就有可能对高职院校思想政治教育方案执行中出现的问题措手不及，导致方案的实施受阻。可见，系统地预先对方案的潜在问题进行分析，是高职院校思想政治教育决策实施中的一件重要工作，不可忽视。之所以把这两方面的工作放在实施阶段，是因为它们是和具体实施工作紧密相连的，是高职院校思想政治教育实施工作的一个有机组成部分。

实施阶段是高职院校思想政治教育过程的中心环节。其主要任务就是把方案付诸高职院校思想政治教育实践，对受教育者实施全面的教育影响，并促使受教育者在活动的过程中接受教育影响。因而实施阶段的中心工作是开展好各种教育活动。受教育者的思想品德是在活动过程中形成，又通过活动表现出来的。活动是受教育者思想品德形成的基础，组织活动是高职院校思想政治教育过程的中心内容。高职院校思想政治教育正是通过形式多样的教育活动，向受教育者传递社会要求的思想观念、政治观点、道德规范，同时促使受教育者在活动的过程中感受、体验、掌握这些观念和规范，形成符合社会要求的思想品德的。因此，根据高职院校思想政治教育方案开展各项教育活动，是不同领域、不同部门高职院校思想政治教育者的共同责任。

高职院校思想政治教育活动的开展是指直接进行的活动过程，包括教育者通过各种途径和形式（课堂讲授、会议、做报告、个别教育等）对受教育者传输社会要求的思想政治观念和受教育者对此的学习；所组织的各种含有高职院校思想政治教育意义的实践活动，如学习英雄模范活动、"五好家庭"活动、文体活动等；在教育者指导和影响下个体进行的思想道德实践等。从总体上说，这一环节的基本任务是要完成从思想道德认知到道德行为的转化。完成这一任务需要实施以下具体步骤。

1. 传导思想道德观念，提高受教育者的思想品德认识

在教育活动和交往的基础上，向受教育者传授社会要求的思想观念、政治观点、道德规范，提高他们的思想品德认知水平，是高职院校思想政治教育的重要任务。人的思想品德的各要素既相互联系又独立发展。在教育过程中，某一阶段可以着重培养某一方面的品质。但一般来说，思想品德认识是思想品德情感及其行为的基础和内在动力。因此，进行高职院校思想政治教育，首先要提高人们的思想品德认识，即要向人们传导一定的思想观念、政治观点、道德规范，使人们的情、意、行建立在坚实的科学基础之上。这就要求教育者在内容上要注意系统性、针对性；在方式

上要力避单纯的"注入"，而注意通过讨论、调查研究、参观访问等形式生动活泼地进行，使人们在一种主动的状态中掌握社会要求的思想道德观念和规范，以便为提高受教育者的政治鉴别力、道德判断力以及行为的选择能力奠定良好的基础。

2.引导受教育者实现从品德认识到行为的转化，培养人们的品德践行能力

从知到行的转化是高职院校思想政治教育中最基本也是最困难的一环。高职院校思想政治教育的基本问题，就是如何促使人们把思想品德认识转化为相应的行为及习惯的问题。因此，在高职院校思想政治教育过程中，必须着力抓好这一环节的诸多具体工作。

第一，重视思想品德情感和信念的培养。由思想品德认识转化为相应的行为，需要经过情感和信念这两个中间环节。情感是认识转化为行为的"催化剂"，对人的行为的方向和强度都有重要的影响。因而培养受教育者鲜明的社会主义思想政治情感，对促进其认识向行为的转化具有重要作用。在人的认识向行为转化的过程中，信念也是一个重要的驱动因素。信念是深刻的认识和强烈的情感的有机统一，只有当认识与有关的情感体验结合时，信念才会产生。因此，要特别注意通过实践使受教育者获得思想品德行为的经验和富有感情色彩的体验，以促使他们形成符合社会要求的思想品德信念。为此，要重视创设良好的高职院校思想政治教育情境，注意以情育情、以境育情。

第二，提出行动要求，并促使受教育者将其内化，变成自己的行动动机。在高职院校思想政治教育过程中，教育者应该旗帜鲜明地向受教育者提出明确的行动要求。行动要求既要适当高于受教育者目前的接受能力，有提升其思想品德水平的可能，以激励受教育者奋发进取、开拓向上；又要切实可行，经过一定的努力可以达到。过低过高的要求都难以为受教育者所理解和接受，难以起到引导的作用。总之，行动要求只有与受教育者的思想品德需要相协调，才能更好地内化为他们的行动动机。

促使受教育者将社会要求转化为内在动机的一个重要工作，就是要引导受教育者通过实践取得正面的经验和积极的体验，避免获得反面的经验和消极的体验，以进一步理解教育要求的正确性与合理性。为此，要大力加强高职院校思想政治教育的物质和精神文化条件的建设，大力优化社会环境，使受教育者通过高职院校思想政治教育接受的思想观念、价值观点、道德规范在各种层面的现实生活中都得到肯定和强化。强调这一点在今天有着重要的现实意义。一段时期以来，高职院校思想政治教育过程的效果不尽理想，其中一个重要的原因就是我们传导给受教育者的思想政治观念往往被实际生活所否定，这种负强化极大地妨碍了受教育者把社会要求内化为他们的行为动机。因此，在促使受教育者将社会要求内化的过程中，必须十分注意高职院校思想政治教育小环境氛围的营造，以及大环境的建设和优化。

第三，指导受教育者选择行为方式，锻炼其品德意志。有了良好的愿望，但如果不懂得运用恰当的行为方式，还是难以顺利地将思想品德认识转化为相应的行为。因此，需要对受教育者进行行为方式的指导，包括对道德行为方式的意义、适用情境等的说明，对典型的道德行为方式的分析，对道德行为步骤的讨论，对道德行为方式榜样的展示，对受教育者道德行为方式进行训练，等等。通过这种指导，受教育者才能懂得控制和调节自我行为，辨别不同情境下应采取的行为方式，逐步形成正确、独立、理智地选择道德行为方式的能力。

在思想道德动机转化为行为的过程中必然会遇到各种困难，没有坚强的意志，受教育者在行为的过程中就有可能犹豫徘徊、畏缩不前，被困难吓倒，被挫折搞得灰心丧气。因此，培养受教育者的道德意志对动机向行为的转化意义重大。要采取不同的锻炼措施促使受教育者产生锻炼意志的愿望，有意识地进行意志磨炼，从而用道德的动机战胜非道德的动机，克服各种障碍，把道德动机转化为行为。

第四，组织各种实践活动，培养受教育者的道德行为和习惯。在前述各个环节的基础上，要及时组织各种活动，促使受教育者把思想道德认识付诸实践。如受教育者在经过教育后，更努力地工作，更刻苦地学习，更好地参加公益活动，更自觉地遵纪守法等，都是认识转化为行为的表现。教育者要引导受教育者通过反复的实践，巩固这些道德行为，使之形成习惯，即形成稳固的、自动的、愉快的行为模式。为此，教育者要创设重复良好行为的教育情境，消除不良行为的重复机会。同时，在培养受教育者良好的行为习惯时，还要注意改变受教育者的某些不良习惯。

总之，组织教育活动是高职院校思想政治教育实施阶段的基本工作，教育者应下大力气抓好活动的开展，使之正常有序、生动活泼地进行。

四、高职院校思想政治教育过程的特征

高职院校思想政治教育过程作为一个相对独立的教育过程，有自己的特点，这已成为研究者们的共识。但它又是一个非常复杂的教育过程，具有多方面的属性，因而研究者们对其特点的概括就呈现出一种见仁见智的局面，认识很不一致。近几年出版的论著对高职院校思想政治教育过程的论述，大致提到以下一些特点：社会

性和可控性、集体性和实践性、严格要求与个性发展、教育与自我教育、长期性和反复性、多端性、同时性和全面性、渐进性等。这些提法从不同的侧面描述了高职院校思想政治教育过程的属性，对我们认识这一过程有一定帮助。但是这些属性是否都是高职院校思想政治教育过程所特有的，值得进一步研究。人们认为，不加区别地将高职院校思想政治教育过程的所有属性都罗列出来，对认识这一过程意义不大。只有抓住其特有的表征，才能更深入、更准确地把握高职院校思想政治教育的过程。

高职院校思想政治教育的特殊矛盾是一定社会的思想品德要求与受教育者实际的思想品德水平之间的矛盾，高职院校思想政治教育过程就是要解决这一矛盾，以促进人的思想品德向社会要求的方向发展，进而促成人的全面发展。相对于影响人的思想品德及其全面发展的其他因素以及影响方式而言，高职院校思想政治教育过程具有以下明显的特点。

（一）明确的计划性和鲜明的正面性

与一般的社会环境的影响相比，高职院校思想政治教育过程对人的思想品德的影响具有明显的计划性和正面性的特征。

一般社会环境对人的思想品德的影响，往往是自然、无序、多向度的，很难加以有效控制。高职院校思想政治教育则是人们根据一定的社会要求和受教育者精神世界发展的需求及其思想品德发展的实际，自觉开展的教育活动，是一种有目的、有组织、有计划的教育影响过程，具有可控性和针对性。这一特点要求教育者在实施教育影响时，一定要精心组织有利于人们品德发展的教育内容，营造良好的环境氛围，使高职院校思想政治教育过程更有成效。

与计划性密切相关的另一个特征是正面性。所谓正面性，是指高职院校思想政治教育影响总是选择积极的价值内容和最有利于受教育者发展的教育方式。高职院校思想政治教育要促进社会的繁荣进步和人的全面发展，其价值内容体系必然是由既有利于社会发展又有利于个人生活幸福的部分所组成。在高职院校思想政治教育过程中，我们坚持用马克思主义理论、共产主义理想和集体主义价值观教育人民、引导人民，培育有理想、有道德、有文化、有纪律的公民，集中体现了我国高职院校思想政治教育积极的、正面的思想道德价值。教育内容的正面性是区别一般环境影响和高职院校思想政治教育影响的一个重要标志，舍此便无所谓高职院校思想政治教育。因此，在高职院校思想政治教育过程中，应始终旗帜鲜明地坚持积极的、正面的思想、政治、道德价值的选择和引导。至于高职院校思想政治教育方式的正面性，历来为我国所重视。说理引导、榜样示范、情感陶冶、实践锻炼等方法在高职院校思想政治教育中的广泛运用，以及大力优化育人环境等举措，都是高职院校思想政治教育方式正面性的重要体现。在我国社会发生巨大变革、社会环境极其复杂的条件下，高职院校思想政治教育必须坚持影响方式的正面性及其创新性，坚持创设积极健康的育人氛围，这是由高职院校思想政治教育过程的根本属性所决定的。

（二）突出的复杂性和广泛的社会性

高职院校思想政治教育是一种教育实践活动，它和智育、体育、美育等有着密切的联系，同时又有明显的区别。与智育、体育、美育等教育过程相比较，高职院校思想政治教育过程有什么特征呢？一般认为，复杂性和社会性是其重要特征。

相比较而言，智育、体育、美育过程较为单纯，它们的主要任务是向受教育者传授一定的知识、技能，发展其智力和身体素质以及审美意识、审美情操等。高职院校思想政治教育过程则较为复杂，其任务主要是通过解决受教育者思想品德发展现状和社会要求之间的矛盾，促使受教育者观念、态度的改变，行为习惯的养成，有时甚至涉及对个体利益的调整。因此，高职院校思想政治教育过程的影响因素、影响过程、影响结果都具有复杂性。就影响因素而言，党组织、工会、共青团等群众组织，高职院校、工厂、家庭、社区以及各种非正式组织，包括报刊、书籍、广播、电视、网络在内的大众传播媒介等都对受教育者发生作用。这些作用有时是一致的，有时则不尽一致甚至相冲突，需要整合。就影响过程而言，高职院校思想政治教育过程不是简单的教与学的过程，受教育者在接受高职院校思想政治教育内容时，会受到自己已形成的观点、态度、志向、习惯、爱好等的影响，因而会有不同的选择。高职院校思想政治教育的影响过程极为复杂，其影响机理还需深入探讨。就影响结果而言，高职院校思想政治教育活动的效果有时是即显的，有时则是潜在的；有时是直接的，有时则是间接的；同一高职院校思想政治教育活动有可能产生不同的结果，等等。这种复杂性要求在高职院校思想政治教育过程中，要实现教育者和受教育者在多方面的协同，实现教育和自我教育的统一。

复杂性的另一个表现是高职院校思想政治教育过程的多端性。一般来讲，智育主要从认知出发，美育主要从情感出发，体育主要从行为出发开始教育过程，而高职院校思想政治教育则可以从知、情、意、信、行任何一端开始进行教育。就是说，根据特定教育对象的实际情况和教育因素的变化等条件，高职院校思想政治教育既可以从传授思想、道德知识开始，也可以从陶冶情感开始，还可以从磨炼意志或训练行为习惯开始。这种多端性特点要求高职院校思想政治教育开辟多种渠道，因人、因时、因势确定教育开端，有的放矢地使受教育者在知、情、意、信、行等方面都得到相应的发展，从而取得更好的教育效果。

与智育、美育、体育相比，高职院校思想政治教育过程的社会性特征在我国也表现得极为突出。首先，在我国社会的各个领域都存在高职院校思想政治教育过程，其对象具有广泛性，涉及老、中、青以及儿童等各个年龄群体，涉及社会的各个阶层、各种群体。其次，高职院校思想政治教育的主体也具有广泛的社会性。就是说，高职院校思想政治教育的主体不限于高职院校等教育组织中的教师及其他教育者；党组织，工会、共青团、妇联等人民团体，工厂，以及其他各种社会组织、家庭等都具有一定的高职院校思想政治教育的职能，其中的很多人在一定条件下、在一定场合都是高职院校思想政治教育的主体。简言之，无论是领导干部还是一般职工，无论是教师还是家长，都是直接或间接的教育者。正因为如此，中共中央、国务院印发的《关于新时代加强和改进思想政治工作的意见》强调，要构建共同推进思想政治工作的大格局，完善领导体制和工作机制，完善党委统一领导、党政齐抓共管、宣传部门组织协调、有关部门和人民团体分工负责、全党全社会共同参与的思想政治工作大格局。

（三）积极的引导性和明显的长期性

从高职院校思想政治教育过程和个体思想品德形成过程关系的角度，可概括出高职院校思想政治教育过程的引导性和长期性特征。

当代高职院校思想政治教育特别注重发挥受教育者的主体能动性，因为非如此就不能有实质性的教育效果。因此，高职院校思想政治教育过程应充分注意实现教育对象主体的思想、道德建构与高职院校思想政治教育主体的思想、道德价值引导的统一。然而，如果将高职院校思想政治教育过程与个体思想品德形成发展过程本身进行比较，我们就应该承认，是否存在"思想道德价值引导"是两者的一个重要区别所在。现代高职院校思想政治教育理论认为，在高职院校思想政治教育过程中，存在教育者和受教育者两个主体，只有发挥两个主体的主观能动性，教育才能取得好的效果。这并不是说两个主体的地位是一样的，作用是相同的。事实上，虽然高职院校思想政治教育者主体性发挥的出发点和最终归宿都是为了更好地发挥受教育者的主体性，但是受教育者思想品德塑造所需要的价值内容和最佳环境毫无疑问需要教育者去精心组织和安排，教育者在教育过程中起着重要的引导作用，舍此同样无所谓高职院校思想政治教育。引导性特征要求教育者在进行高职院校思想政治教育时，要考虑到受教育者的整体思想品德发展水平，既不提出超越教育对象发展实际的教育要求，也不做其发展的尾巴，而是确定适宜的发展目标，引导受教育者的思想向社会主义现代化建设所要求的方向发展。

如果说引导性特征反映了高职院校思想政治教育过程与人的思想品德形成过程的区别，那么长期性特征就反映了两者之间的紧密联系。人的思想品德是在教育的作用和社会环境因素的影响下，在长期的生活实践的过程中逐渐形成的，无论是思想观念、政治和道德意识的形成，还是情感的发展，或是行为习惯的养成，都需要长期的积累过程。因而高职院校思想政治教育过程就是一个不断循环往复、无限发展的过程，一个过程的完结，就是一个新过程的开始。同时，由于人的思想是非常复杂并且不断变化的，有时会出现反复，因此，高职院校思想政治教育不可能一蹴而就，不能企望"毕其功于一役"，而要反复进行。这种反复性也是高职院校思想政治教育过程长期性的重要表现。当然，反复教育并不是内容的简单重复，而是要根据新的情况，结合受教育者思想品德的变化发展状况，不断地更新教育内容，使受教育者受到长期反复的教育、感染、陶冶和磨炼，从而不断地提高其思想品德水平。

持久性的另一个重要表现是高职院校思想政治教育过程的渐进性。人的思想政治面貌，从根本上讲是可以通过教育和环境影响以及教育者在实践中的主观努力来改变的，但需要一个过程。绝不是一经教育，就一定"立竿见影"，受教育者就会发生思想品德突变的。因此，教育者必须依循渐进性这一特点，坚持不懈地进行高职院校思想政治教育，从而引导受教育者向思想道德的更高境界迈进。

第四节　高职院校思政教育过程的规律

一、高职院校思想政治教育过程的基本规律

高职院校思想政治教育过程的基本矛盾就是社会的思想品德要求与教育对象的思想品德水平之间的矛盾。高职院校思想政治教育过程的所有活动都是围绕这一矛盾的解决而展开的。社会的思想品德要求与教育对象思想品德实际水平之间旧的矛盾在高职院校思想政治教育过程中不断获得解决，而新的矛盾又开始发生，于是在这种矛盾"解决—发生—再解决—再发生"波浪式前进、螺旋式上升的过程中，教

育对象的思想品德不断获得提高，也不断地去适应社会发展的需要。由此，我们可以发现，高职院校思想政治教育过程基本矛盾的运动，必然产生出一个最基本的规律：在高职院校思想政治教育过程中，教育对象的思想品德发展总是不断地适应社会发展的需要，简称"社会发展适应律"。这一规律，可以从以下三层意思予以理解：

①高职院校思想政治教育过程是在社会发展要求下展开的，目的是要培养符合社会要求的、具有较高思想品德素质的社会个体。社会要求在高职院校思想政治教育过程中化解为具体的思想观念、政治观点、道德规范、行为准则等，组成高职院校思想政治教育的具体内容，通过教育者传递到社会的不同个体。因此，只要高职院校思想政治教育活动正常开展，就必须反映社会对人们的思想品德要求。在高职院校思想政治教育过程中，人们的思想品德也在不断向社会发展的要求靠拢，不断在社会化的进程中适应社会发展的趋势，而这也是人们是否接受高职院校思想政治教育的系统影响的区别所在：没有高职院校思想政治教育的影响，则人们思想品德的发展是不可控的，既可能与社会发展的趋势一致，也可能不一致；而有了高职院校思想政治教育过程的控制和引导，教育对象思想品德的发展就会逐渐从自发走向自觉、从无序走向有序、从性质不明到方向正确，从而逐渐形成与社会发展要求基本一致的思想品德。

②教育对象思想品德适应社会发展的客观要求，并非完全达到社会发展要求的内容和水平，而是一种无限接近。原因在于：第一，社会要求和个性品格之间是有差异的，社会发展的要求可以在个体身上获得生长和体现，但是建立在个性品格的基础上，具有教育对象的个性特征，而不是对社会发展要求的复制。因此，人们是创造性地接受社会发展的要求，建构起具有个性特色的思想品德体系。第二，社会要求随着社会的进步而不断发展和提高，个体在达到一个发展目标之后，又需要追随社会的脚步向新目标迈进，因而在时空维度上呈现出一种无限趋近但是又无限延伸的态势。因此，社会发展对人们思想品德的要求是绝对的，但个体能够达到的水平则是相对的，趋近程度越高，表明教育效果越显著；也正因如此，社会的思想品德发展体现出在历史必然中的偶然性，而不是绝对按照规划的模式进行，因为其中参与了各种个体的差异性，使得历史发展是多彩的，社会中各种个体的思想品德面貌也是多彩的。

③教育对象对社会思想品德要求的适应，也是一种对社会历史的积极适应。因而教育对象思想品德的发展能否与历史的发展表现出一致性，取决于社会的思想品德要求是否具有与历史发展的同步性。这也是为什么历史发展的不同阶段，统治阶

级的高职院校思想政治教育对人们思想品德的影响方向和效果是不一样的：当统治阶级处于上升时期，其对社会成员的思想品德要求能够保持与历史发展的同步性，人们的思想品德发展也就在教育体系的影响下适应历史进程，呈现出统治思想与民众思想的一致和协调；相反，在下降时期，其对社会成员的思想品德要求不是适应历史而是阻碍历史的脚步，则人们在追随历史潮流的同时抛弃了统治阶级思想品德要求中的不合理成分，选择其中积极有效的部分，与社会其他影响相结合而形成有异于统治阶级预期的思想品德模式。可见，在高职院校思想政治教育过程中，教育对象思想品德发展的实际，是与社会发展的要求而不一定是当下社会的要求相适应的。因此，高职院校思想政治教育过程的效果如何，能否促进人的全面发展，根本上要取决于其所提出的思想品德要求是否具有科学发展性。

二、高职院校思想政治教育过程的具体规律

高职院校思想政治教育过程的具体规律是高职院校思想政治教育活动中诸要素之间以及要素内部组成部分之间的本质联系及发展趋势。由于高职院校思想政治教育过程存在许多具体矛盾，学者们研究考察的角度不同，层次有异，提出了许多具体规律的概括。在此，我们循着事物的主要矛盾，分析一些主要的具体规律。

（一）目标适度超越规律

高职院校思想政治教育过程中，教育目标或要求的设置对教育对象的思想品德发展的引导性极其重大，恰当的教育目标能够引导教育对象思想品德逐渐获得改进。学者们研究发现，教育目标或要求合理与否的关键，在于保持方向正确基础上的度量问题，并引入了一个物理学的概念——"张力"，即在高职院校思想政治教育活动中，教育者所提出的教育要求与教育对象思想品德实际之间的制衡力。目标适度超越规律，就是指教育者所提出的教育要求应适当超越教育对象目前的思想品德基础，有提升其思想品德水平的可能，同时这一超越又不能高至教育对象经过努力也难以达到的程度。尽管不同时期的教育要求以及对不同教育对象的教育要求是有区别的，但教育要求与教育对象思想品德发展之间保持适度张力在任何时期、任何条件下都是必要的。这是由高职院校思想政治教育培育人的根本任务所决定的。

目标适度超越规律也是对高职院校思想政治教育过程基本规律的回应和补充。高职院校思想政治教育的基本规律表明，在实践中，教育对象的思想品德尽管要面临个人现实与社会期望的矛盾，但在接受教育影响的过程中，总体走势是与社会发展相一致的。为了达到这种目标，教育者就应该根据具体的教育对象的思想品德状

况，提出符合其发展愿景的教育要求。这种要求经过双方的共同努力，能够在可预期的时间内得以实现。要求的实现，就使得高职院校思想政治教育的这一具体矛盾得到解决，同时也产生了新的矛盾，又需要教育者确定新的教育目标和要求。高职院校思想政治教育过程就是这样不断提出适度超越于教育对象思想品德现状而且切合于发展愿景的思想品德要求的过程。高职院校思想政治教育的基本矛盾也是在这样的循环往复中不断推进的。

高职院校思想政治教育目标对教育对象现有思想品德基础的适度超越，并非消极地适应或"附和"教育对象不当的思想品德状况，更不是教育对象的思想品德状况决定教育内容、手段和方法，因为教育内容、手段、方法等绝不仅仅是由教育对象思想品德状况所制约的，更主要的是受到社会要求、时代条件等因素的影响。在宏观把握和微观体察教育对象思想品德的同时，更应当看到高职院校思想政治教育本质上是要提升人们的思想品德水平。因此，高职院校思想政治教育目标和要求的制订，必须坚持社会发展对人的发展所提出的基本标准，坚持培养"有理想、有道德、有文化、有纪律"的社会主义新人。

（二）内化外化一体规律

内化和外化是高职院校思想政治教育过程的两个阶段。从高职院校思想政治教育的发展阶段和流程来看，高职院校思想政治教育活动实际上是教育者有目的、有计划、有组织地帮助和引导教育对象实现内化和外化。内化就是教育者帮助和引导教育对象将一定社会的思想品德要求转化为自己的品德、情感、信念等内在意识。外化就是教育者帮助和引导教育对象将自己已经形成的品德意识转化为自己的品德行为，并养成良好的行为习惯。

教育对象思想品德的内化和外化是极其复杂的内在矛盾运动。第一，从逻辑上看，内化是外化的前提和基础，外化是内化的目的和归宿。没有内化，就没有正确思想指导下的行为产生；没有外化，人的思想就失去了社会意义。因此，内化和外化是彼此依存的。第二，从实践上看，内化和外化又是相互交织的。内化中有外化，在思想品德认知和情感、意志的形成过程中，教育对象总是要用这些思想观念、政治观点和道德规范去应对实践，并在实践中去获得验证；同时，外化中也有内化，人们思想品德的实践活动过程，也是人们的思想品德认知、情感、意志发生巩固或者改变的过程。因此，内化和外化是一个辩证统一体，在实际生活中，两者并没有显著的时间前后之分，也不是彼此独立进行的。

高职院校思想政治教育过程中内化与外化的辩证统一，决定了高职院校思想政治教育过程中的内化外化一体规律，即高职院校思想政治教育过程既是思想品德认识、情感和意志的内化过程，也是思想品德行为和习惯的外化过程。一方面，教育者要积极推进内化，坚持必要的正面教育灌输，帮助教育对象形成正确的思想政治品德认识，以便为外化过程奠定坚实的基础；另一方面，教育者又要善于引导外化，注重教育对象智力因素与非智力因素的均衡发展，既晓之以理、发展认知，也陶冶情感、坚定信念、磨炼意志，创造机会和条件引导教育对象投身于实践，从而实现从思想品德认识到行为的转化。

内化外化一体规律，要求在实践中改善两种不良状况：一是当前普遍存在的重内化、轻外化，重理论教育、轻道德实践。例如，在大学生高职院校思想政治教育过程中，强调思想政治理论课的主渠道，但对大学生社会生活和实践过程的建设不力，严重削弱了高职院校思想政治教育的针对性、实效性、感染力和说服力。二是目前有所抬头的重外化、轻内化现象，片面强调实践德育、生活德育，削弱甚至取消对教育对象的思想理论素质建设，否定理论灌输的正当性，从而导致社会思想的混乱和阻碍社会共同理想的形成。

（三）他教自教协同规律

教育者和教育对象是高职院校思想政治教育过程中的两个基本要素，在某种意义上，两者的相互影响、相互作用就构成了高职院校思想政治教育过程。他教自教协同规律，是指高职院校思想政治教育效果如何，取决于教育者对教育对象的教育影响同教育对象自我内在教育过程的统一和配合。

在高职院校思想政治教育过程中，教育者和教育对象所处的地位和所发挥的作用是不同的。教育者是一定社会思想品德要求的表达者和体现者，是高职院校思想政治教育活动的设计者和组织者，是教育影响的施加者和调控者，居于主导地位，起主导作用；教育对象则是教育影响的接受者和教育效果最主要的体现者。但是，教育对象实际获得的教育影响，并非单纯来自教育者，也包含教育者内在的能动教育。教育对象既是教育者活动的客体，也是自我教育的主体，其主体性表现在：第一，教育对象对于教育者所传递的教育信息并非被动接受，而是按照自己的判断标准进行甄别、选择、吸收和借鉴，因而，受教育的过程实际上也是主体自我意识运作的过程。第二，教育对象不仅接受来自教育者的影响，也接受来自教育环境的影响，还有来自自我生存、发展历程中一系列经验、感性等要素的影响，因此，受教育的过程也是一个综合信息的过程，是在教育者影响下进行多要素的思想品德建构的过程。第三，无论是教育者传递的教育信息，还是环境的影响，都是外在要素，需要经历一个复杂的心理过程才能转化为教育对象的个体意识和思想。因此，有学者指出，从这个意义上讲，没有自我教育，就没有真正的教育。由此可见，教育者的教育和教育对象的自我教育在整个教育过程中同时并存且辩证统一。在一个有效的高职院校思想政治教育过程中，他教和自教是相辅相成、相得益彰的。因此，既要注意调动教育者的主观能动性，确实发挥其主导作用，又要注意调动教育对象的自觉性、积极性和主动性，充分发挥自我教育的作用。

高职院校思想政治教育的他教自教协同规律，要求我们反对两个"倾向"：一是片面强调他教的重要性，注重教育者的思想理论高度和教育教学技术，忽视了教育对象能动性的发挥，使高职院校思想政治教育过程成为照本宣科的"走过场"，或演讲式的"表演秀"。二是片面强调自我教育的重要性，轻视或抛弃教育者的主导，任由人们的思想品德随意演变，例如一些高职院校在教学实践中随意占用高职院校思想政治教育课程或者删减高职院校思想政治教育的重要环节，使得教育者的主导性难以全面发挥。

（四）影响要素调控规律

教育对象在高职院校思想政治教育过程中所接受的影响，从来源上看，有来自教育者的，也有来自环境的，有来自正规的教育系统的，也有来自其他教育主体的；从性质上看，有积极的，有消极的，有自觉的，有自发的。教育对象接受的实际影响，是各个方面影响的综合。因此，高职院校思想政治教育过程中必须坚持对各种不同影响因素的调节和控制，这也是高职院校思想政治教育与一般社会影响的重要区别。

影响要素调控规律主要体现为：第一，调控不同教育者的影响。家庭、高职院校、组织单位、其他社会正式团体以及非正式组织对教育对象的影响，既有相互呼应、相互强化的一面，也有彼此冲突的一面。在一般情况下，两方面的关系是交织和并存的。在当代社会，随着社会发展的多样化和社会矛盾的复杂化，教育者的思想水平、认知能力、利益角度等存在较大差异，即使在同一教育要求的控制下，他们对教育要求的理解也可能不同，从而导致传递给教育对象的信息发生偏移和冲突。这就要求自觉协调不同教育主体的影响，努力避免其相互抵触，形成正合力。第二，调控自觉影响和自发影响、积极影响和消极影响。自觉影响由于有明确的教育目标指引，有计划有组织地开展，呈现出积极的导向性，但自发影响既包含了积极因素，又包含了消极因素。在现实生活中，消极的负面的影响严重抵消了高职院校思想政治教育的自觉影响，这也是现阶段高职院校思想政治教育效果不佳的重要原因。因此，要控制社会环境因素中的消极影响，利用并强化其中的积极影响，使之与自觉影响协调统一起来，从而形成良好的教育氛围。

第二章 高职院校思政教育的实践育人

第一节 基于社会主义核心价值观

一、育人：以社会主义核心价值观指引大学生追寻中国梦

一个国家的强盛离不开精神的支撑，一个社会的发展有赖于文明的推动，一个人的进步需要文化的哺育。世界各国的教育理念普遍认为，育人是教育的首要目标，德育是育人的根本内容。在大学期间，学生处于世界观、人生观、价值观定型的关键时期，形成什么样的世界观、人生观、价值观，教育的导向性至关重要。在当前社会中，尤其是在市场经济的环境下，教育日益受到工具理性的影响，专业教育、技术教育等因适应市场需求而为人们所重视，人文教育、道德教育却因投入产出不明显而渐趋边缘化。

在当今经济全球化发展的大潮流下，面对外来文化和不同思想的冲击，高职院校应该以习近平新时代中国特色社会主义思想为指导，以实现中国梦为目标，促进大学生健康发展。大学生是祖国和民族的希望和未来，我们应该深切地意识到，只有教育好大学生，践行社会主义核心价值观，才能使大学生不走歪路，才能实现中华民族伟大复兴的梦想。

大学生价值观的教育与引领并不是一个简单的问题，因为大学生的价值判断容易受到社会各方面因素的影响：在各种思潮的冲击下，在各种社会不良现象的影响下，教育也面临着前所未有的挑战。学生从单纯的接受灌输转变为自我思考，从单纯的需求取向转变为选择性的需求取向，从单一的书本知识的接受者转变为多源信息的处理者，这些转变都强烈地冲击着传统的教育模式。很多教育工作者感慨，课堂上苦口婆心的正面教育抵不过社会上一件不良事件的影响。诚然，我们从不否认大学生思想政治教育的艰巨性和复杂性，但应该将这样的挑战作为教育学生、引导学生的有利契机。学生接受多元文化和思潮，正说明他们具有理性的思考和现实的理解，这个时候就需要我们的教育和引导更加科学，更加具有说服力。社会主义核

心价值观的提出，为我们提供了强大的支撑力量。

教育是需要双方进行沟通的一个过程，我们不能够单方面地将知识灌输给学生，而应该根据大学生的思维方式和发展需求，进行引导式教育。思想政治教育工作是一项艰巨的工作，其艰巨性在于它不是简单的课堂教育能够实现的，在于它是和经济社会发展的现状和思想文化的变迁紧密相连的，这样的联系绝不是简单的课堂说教能够应付得了的。如果简单地在课堂上说教，不考虑学生的实际感受和所处环境，非但不能实现既定的教育目标，还会适得其反，引起学生的反感和抵触。我们遵循马克思主义基本原理，本身也是要动态地适应时代的发展。用马克思主义本身的思想魅力来影响学生，一定要克服僵化思想和教条主义的束缚，领会和学习马克思主义关注现实、改造社会、真理至上的精神实质，体现其时代性、真理性、批判性，立足中国特色社会主义建设的生动实践，真正说服学生，让马克思主义真理"入脑""入心"。

长期以来，高职院校遵循这样的规律，建立了课堂教学、社会实践、校园文化多位一体的育人平台，这样的育人平台有效地在培育和践行社会主义核心价值观方面、激发大学生追寻中国梦方面发挥了作用。实践与教学相结合、课堂育人与实践育人相结合已经成为时代赋予教育的艰巨使命。

二、用实际行动培育和践行社会主义核心价值观

实践是培育和践行社会主义核心价值观的有效途径。习近平总书记指出："我们的学习应该是全面的、系统的、富有探索精神的，既要抓住学习重点，也要注意拓展学习领域；既要向书本学习，也要向实践学习；既要向人民群众学习，向专家学者学习，也要向国外有益经验学习。"他将学习和实践提到了全党全国的高度，充分说明了学习和实践的重要性。

（一）实践是引导学生坚定理想信念的基本途径

中国梦是全国各族人民的共同理想，也是当前一代大学生应该牢固树立的远大理想。高职院校育人实践要积极引导大学生将自己的个人目标和伟大理想同中国梦结合起来，让大学生在接受教育的同时树立与群众紧密联系、与责任和使命结合起来的意识。另外，高职院校还要建立大学生党员个人成长与服务社会的平台，为其他大学生树立榜样，让高职院校出现更多的优秀代表。

中国特色社会主义是我党带领人民历经千辛万苦找到的实现中国梦的正确道路，也是广大大学生应该牢固确立的人生信念。大学生要展示出中国学生朝气蓬勃

的状态，拥有激情和热血，具备良好的道德理论素养，展示自己的优秀才华，甘愿为社会服务和奉献。

（二）实践是激励学生练就过硬本领的有效载体

目前，我国国际地位在不断提高，科技每天都有新变化，经济也在高速发展，人民的需要也随之增加。为了跟上时代的发展，大学生必须不断学习，不断完善自己，不断成长。高职院校为大学生健康良好的成长提供了很多平台，并指导他们未来的发展方向，让大学生在高职院校中既学到知识，也在未来的道路上有明确的目标，成长为社会需要的人才。

（三）实践是鼓舞学生勇于创新创造的精品课程

时代在发展，科技在进步，人才在增加，生活在丰富。当今生活的快节奏也显示出，如果人一旦满足现状不努力更新知识，故步自封，只会落后他人，尤其是缺乏创新思维更容易被社会淘汰。创新是国家发展的不竭动力，所以，高职院校要注重大学生创新精神的培养。高职院校教育不是培养像流水线一样的人才，而是要大学生在不断学习和实践的基础上勇于创新，提高自身创造力。高职院校要建立大学生创新和创造的教育平台，并鼓励大学生勇于创新，这是保护创新创造火花、支撑好学生创新创造所需的实践平台。

（四）实践是教育学生矢志艰苦奋斗的重要平台

中华民族素来具有艰苦朴素、吃苦耐劳的奋斗精神以及勇于开拓、奋发图强的实践精神，是这些精神创造了今天具有五千年灿烂文化的中华民族，而今天所有的美好生活都是通过世世代代的中华儿女勇于实践、敢于牺牲而奋斗来的。作为新一代的接班人和祖国的建设者，大学生必须秉承中华民族伟大的奋斗精神，勇于创造祖国未来的强盛面貌。所以，为了更好地传承中华民族的奋斗精神，就需要高职院校为大学生提供展示的机会和舞台，使其亲身感受勇于拼搏的崇高，在精神传承中体验艰苦奋斗的伟大，增强爱国热情。

（五）实践是鼓励学生锤炼高尚品格的有效路径

大学生是中华民族未来的希望，更是中华民族未来的接班人。他们的精神面貌决定着未来中国的精神面貌，因此塑造大学生高尚的品格，能够影响社会的风尚。中华民族历来重视大学生的道德培养，要求他们从小就要学会爱党爱国、尊老爱幼、尊师敬长、孝敬父母等。培养大学生的高尚品格，需要与社会实践相结合。实践是检验大学生道德品质的试金石，也是塑造大学生高尚品格的第二课堂。高职院校要鼓励大学生在社会实践中关注身边的弱势群体，用自己的能力和行动帮助他人，塑造他们乐于助人的品格；要鼓励大学生参加服务性的社会活动，如到敬老院探望孤寡老人，到社会福利院帮助困难人士，培养大学生的奉献精神；要鼓励大学生多了解国家动态和社会时事，并参与到国家社会的建设中来，培养他们的爱国情感，其目的是让大学生认识到国家的兴旺、社会的和谐离不开每个人的努力。

第二节　坚定理想信念

高职院校必须传承中国革命领导人和中国共产党留下的伟大精神，尤其是在大学生党员中间广泛传播。因为大学生党员是中国共产党的重要储备人才，是中国特色社会主义建设的后备力量，他们在学生中间具有领导模范作用，能够用自己的行为影响身边的人。所以，坚持以社会主义核心价值观为指导，发挥大学生党员的先锋模范作用，是高职院校对学生进行理念信念育人实践的重要途径。

一、大学生与中国梦的关系

（一）国家与人民：中国梦内涵主体

中国梦是习近平总书记提出的建设中国特色社会主义道路的指导思想和执政理念，它的实现涉及全中国十几亿人口，是一项惠民、为民的伟大决策。同时，中国梦也承载了中华民族伟大复兴的历史责任和光荣任务。中国梦的根本任务是达到国家富强、民族振兴、人民幸福的具体要求。社会和谐、人民幸福是国家持续发展的基本要求。

（二）责任与使命：中国梦思想基础

大学生是国家的希望，更是未来的希望，需要肩负起国家繁荣富强的责任与使命。大学生有着良好的教育背景，是最具活力的一个群体。时代的发展离不开大学生，除了给予其优质的教育外，还要培育和锻炼大学生的坚强意志，继承中国共产党的优良传统。大学生需要拥有不怕苦、不怕累，勇于创新、实践，胸怀天下、志存高远的坚定理想，把实现中国梦与自己的理想奋斗目标相结合，在学习和实践中创造未来。国家要鼓励大学生创新，激励大学生为"国家繁荣富强、人民幸福安康"而奋斗。

激励大学生肩负实现中国梦的热情，要求大学生把中国梦的实现与自己的奋斗目标相结合。中国梦是关系每个中华儿女的梦，承载了中华民族的希望和未来。大学生肩负着实现中华民族伟大复兴的历史责任和义务，要把自己的奋斗目标和中国梦的目标相联系。祖国是我们实现美好生活的基石，祖国是我们未来的希望，所以祖国的强大也关系着每个人的幸福。中国的发展离不开大学生，大学生更要以祖国的强盛为奋斗目标。

激励大学生肩负实现中国梦的热情，就要培养大学生正确的世界观和价值观。每个人都有自己的世界观，每个人对世界的看法都不同。世界观就是个人站在什么样的角度和高度，用何种眼光去认识世界和分析世界。大学生不能用以自我为中心的世界观和唯利主义的世界观去认识世界和分析世界，也不能将这两种世界观作为衡量一切事物的标准。凡是以我为中心、唯利主义以及追求个人利益和价值的认知都是狭隘的世界观和价值观。在当今全球化发展的社会背景下，切勿让外国的自由主义、民族主义侵扰大学生的世界观。要坚持社会主义核心价值观，并使其起到引导作用，以爱国、敬业、诚实、友善的行为准则，激励大学生在实现中国梦的道路上不断前行。

激励大学生肩负实现中国梦的热情，就要激励大学生继承中国特色社会主义事业发展的坚定理想和信念。理想信念是中国共产党发展中国特色社会主义事业的精神支柱，是国家发展的向导，更是实现中国梦的基石。当今中国正处于社会的转型时期，面临着许多机遇和挑战，同时大学生也会受到世界多元思潮和多元价值观、世界观的干扰，以至于对祖国和自我的发展缺少认知。若不对大学生进行爱国主义和社会主义的教育，他们很可能会以他国的价值观来进行自我发展的判断。所以，要加强对大学生的教育，将老一辈艰苦奋斗、勇于奉献的革命精神传递给未来的接班人，让他们坚信中国特色社会主义的道路是发展自我、强大祖国的有力基础，让大学生认识到中国共产党发展到今天所走过的路程是坚定的信念所引导的。所以，中国梦的实现就是要坚定走中国特色社会主义道路和理论体系，坚定中华民族伟大复兴的信念。

（三）大学生中国梦的实践教育

1.发挥主渠道作用，将中国梦教育贯穿于思想政治课堂教学

理论是实践的基础，大学生践行中国梦需要以完备的理论知识为基础，第一课堂专业课教育和政治理论课教育是高职院校开展中国梦教育的主渠道和主阵地。尤

其是在高职院校的思想政治课堂上，要加强大学生对中国梦基本内涵的学习，使他们了解中国共产党的历史，了解中国共产党的发展进程，了解今后中国共产党的发展方向。中国梦涵盖了党未来的发展目标和任务，大学生要把中国梦的理论内涵转化为自我发展的行动指南，把中国梦与我的梦相结合，以中国梦为大的目标和方向，脚踏实地地去奋斗。

此外，高职院校还要邀请专家学者对中国梦进行分析和解读，分析党的政策和发展路线，引导大学生在正确的思想道路上去践行中国梦。

2. 依托党建平台，把中国梦教育引入大学生入党培训

高职院校加强大学生的入党培训工作，加强大学生党员的思想教育工作，目的是为国家、为党培养一批优秀的共产党员。他们能在未来的社会主义事业的建设中担起接班人的责任，并在社会工作中树立榜样。高职院校要将中国梦的教育融入大学生入党培训的各个环节中，如刚入学时对大学生开展中国梦的思想教育，让大学生认识到自身的学习关系着国家的建设和发展，使其肩负起推动国家发展的责任和义务。同时，在大学生中间选拔优秀的人才，集中进行积极分子的培养，加强党的教育理论学习。比如定期开展讲座学习，要求积极分子定期进行思想汇报，定期宣传国家的最新政策。待积极分子考核结束进入预备党员的储备中时，更要加强他们的思想教育工作，防止不良思想的产生。在其进入正式党员阶段，要强化他们的党员意识和党员义务，使其在未来的学习和工作中充分发挥党员的模范带头作用，从而引导更多的学生把自我发展融入中国梦的实践当中。

依托高职院校党建平台对大学生进行中国梦思想教育工作，是中国共产党对党员教育工作的具体实施和执行措施。目的是让党的思想教育工作落实到每个大学生党员身上，使大学生党员积极配合国家的思想建设和党的重要指示，充分发挥他们的先锋模范作用。

3. 加强实践教育，培养大学生中国梦践行观

高职院校要为大学生提供实践中国梦的平台和机会，鼓励大学生参与社会实践，参加社会志愿服务活动，引导他们用实际行动为实现中国梦而努力奋斗。大学生的主要生活和学习的地方是校园，这往往使得大学生脱离现实的社会生活，造成大学生对国家建设不了解等情况。高职院校开展大学生社会实践活动有助于大学生了解国情、民情、社情及国家发展动态，是锤炼大学生意志的重要途径。

社会实践活动可以多种多样的方式进行，如社会调查实践、社区走访实践、爱

国教育基地实践等。目的是让大学生走出校园，走入社会，将课堂上了解到的民生问题、国家发展政策与社会中的百姓生活、政府机构相结合，检验他们是否掌握了课堂上所学到的知识。社区走访实践，是要大学生了解所在社区的区属划分，了解国家基层组织的构成方式，了解作为社区中的一员如何更好地加入社区的建设中，把自己的学习和未来的发展与社区、家乡的建设结合起来。高职院校可组织大学生去爱国主义教育基地学习，体会革命先烈勇于牺牲和勇于奋斗的伟大精神，激发大学生的爱国热情，使他们将自己的奋斗目标和民族的复兴相结合，积极投身于国家的建设中。

4. 开展大学生就业指导工作，鼓励大学生将自己的事业与中国梦相结合

开展大学生就业指导工作，让大学生将在高职院校里学到的知识与国家建设的需要相结合。要求大学生从社会发展、国家建设、实现中国梦的角度出发，在高职院校期间完善自身的专业理论知识，毕业之后积极投身于祖国的建设，从而在实现中国梦的过程中完成自己的人生理想。

高职院校必须开设大学生就业指导的课程，指导大学生在未来的人生规划中实现自己的人生抱负和职业理想。那么，高职院校如何开展就业指导工作呢？一是在完善大学生专业理论知识的基础上，鼓励他们多参加社会实践，将自己学到的知识用到实践过程中，以更好地适应工作岗位；二是鼓励大学生到祖国需要的地方，如到西部边远地区或少数民族贫困地区等，在艰苦的环境中锻炼自己的毅力，把国家的发展融入自己对职业的追求中，用自己的力量为祖国的繁荣富强添砖加瓦；三是要鼓励大学生创业，用丰富的创业知识武装大学生的头脑，并帮助其解决在创业中遇到的困难，使其少走弯路。高职院校是大学生免受社会不良信息干扰的庇护所，但由于过好的保护，让大学生失去了走入社会谋求职业发展的激情，所以开展就业指导，是激发大学生追求职业热情的有力措施。

5. 利用新媒体，拓展中国梦教育形式

新媒体是一种新的交流环境，即以数字化的形式，将信息的传播方式变得多样化。数字化的形式包括网络媒体、移动终端、数字报刊等，主要通过数字和网络技术的强强联合，改变信息传播的传统模式。网络是新媒体发展的重要载体，在网络中世界变小了，人与人之间的距离变得更近了，信息的交流也更加便捷了，实现了"秀才不出门，便知天下事"的理想社会。新媒体的发展既是机遇也是挑战，这些皆源于信息交流的便捷和迅速。大学生易于接受新媒体，并且十分擅长运用新媒体进行学习和交流，如微博、微信等工具。高职院校要教育大学生正确使用和接触新媒体，并将大学生的思想道德建设和爱国主义思想教育与新媒体环境的建设结合起来，给大学生创造一个健康的网络环境。

二、培养优秀的大学生党员

（一）自我与超我：大学生党员身份特征二重性

大学生群体是接受高等教育的高素质人才群体，他们接受的是最新的科研成果和文化教育，作为社会新技术、新思想的前沿群体和国家培养的高级专业人才，他们代表着最先进的文化。大学生的年龄普遍在 18 ~ 22 周岁，他们从生理到心理上基本上已经发展完善。在生理上，他们已经具备了成年人的体格和特征，他们具有强烈的自我意识，但还不够成熟，无法分辨和统一自我意识和超我意识，容易陷入自我意识中，对自我情绪无法控制，尤其是意志水平还有待提高。另外，大学生还容易脱离群体环境，追求新颖刺激的体验，而这种种因素都能导致大学生在成长过程中迷失自我。

大学生党员是大学生和党员二重性的统一，是自我个性和集体意识的均衡统一。本我、自我、超我是三种对自我认识的境界。本我即本能的我，包括能满足自身欲望的内驱力，它是自然发生的无意识的认知；自我带有对自身理性认识的因素，能够根据规则形式，对周围的认知进行理性的判断；超我则是对自身人格的高级要求，即能超越本我和自我，追求至善的目标，能用更高一级的准则要求自己。对大学生的要求就是能够在自我的基础上，用超我的意识进行自我监督和控制，并且能够将个人意识与集体意识有机结合与统一起来。高职院校要以《中国共产党章程》中对党员的要求和标准引导大学生党员，要求其以身作则，发挥模范带头作用。

（二）历史与传承：激发大学生党员使命意识的意义

使命即为重大的责任，每个人生活在世界上都肩负着一定的责任和义务。大学生的责任就是好好学习，报效祖国。大学生党员作为大学生中的代表，更需要起到模范带头作用。大学生党员的行为影响着身边的每一个同学，大学生党员只有具有刻苦学习、勤劳朴实、乐于助人、甘愿奉献的精神品质，其身边的同学才会潜移默化地深受影响。因此，大学生党员要能够将党员培训的理论知识运用到实处，并和人民群众紧密联系，听取身边同学的建议和意见，以身作则走入同学中间，发挥自己的模范带头作用，更好地服务于同学，服务于高职院校。

（三）责任与使命：大学生党员使命意识的培养

大学生党员要有自我和超我的意识，在学习中以至高的标准去要求自己，将中国梦与我的梦相结合，肩负起中华民族伟大复兴的历史责任。大学生党员在学生中间有着标杆的带头作用。不仅如此，大学生善于自我反省，觉悟较高，能够自觉地将组织的思想和自我的思想相统一，能够积极为共产主义事业的发展贡献自己的力量。而党和国家的发展不是一朝一夕即可完成的，它是一个长期且艰巨的历史任务，大学生党员要有坚定不移的理想和信念，坚信中国共产党的共产主义事业能够实现。他们在长期的实践中需要从三个方面严格要求自己。首先，在学习上发扬不怕苦、不怕累、艰苦奋斗、认真钻研的精神，学精、学好专业知识，用自己的专业和特长去实现中国梦的伟大抱负。其次，大学生党员一般在校内都会担任一定的职务，如班长、委员、团支书等，高职院校要培养大学生党员的管理能力，同时他们自己也要多阅读相关的书籍，提高自身的管理能力。再次，在社会实践和社会工作上，大学生党员大多也是高职院校各类学生组织的骨干力量，在积极参与到社会实践的过程中，既要通过自己的言行发挥党员的表率作用，又要通过组织和开展富有内涵、形式多样的校园文化活动，对学生群体进行思想政治教育。

第三节　勇于创新

一、强化实践教学：搭建创新展示的平台

近年来，特别是《国家中长期教育改革和发展规划纲要》颁布实施几年来，教育部门和各高职院校在创新人才培养机制的方向上进行了一些探索，启动实施了基础学科拔尖学生培养试验计划、卓越工程师教育培养计划、科教结合协同育人计划，开展了试点学院综合改革等，取得了积极进展，积累了有益经验。特别是在实践教学促进创新教育方面，各地各高职院校积极搭建平台，为大学生提供了呈现创新思维、展示创造能力的良好平台。

（一）加强实践教学，促进创新人才培养

创新人才培养机制，其目的是推进素质教育，着力提升学生的社会责任感、创新精神和实践能力。教育部要求各地高校下大力气落实好部门联合下发的《关于进

一步加强高校实践育人工作的若干意见》，进一步推动高校强化实践教学环节，增加实践教学比重，加强学生实习实践基地建设；加强生产劳动、志愿服务、公益活动等社会实践活动；探索建立完善学生实习实践的相关制度。归纳起来，创新高职院校人才培养机制的基本思路，就是在科学的人才培养理念的指引下，通过深化教育教学改革，激发高职院校人才培养的潜力和活力，特别是通过创新应用型、复合型、技能型人才的培养机制，着力突破实践能力这个薄弱环节。在教学育人实践上，要在教育教学改革过程中不断积累经验，因地制宜地探索推进素质教育的有效途径和办法，在课程设置、内容选择、教学组织形式、课堂形态和考试评价等方面进行前瞻性探索和试验，不断拓宽人才培养途径，优化人才知识结构，提高人才培养的质量和水平，努力形成各类人才辈出、拔尖创新人才不断涌现的局面。

（二）创新高职院校实践教学体制的路径探索

面对竞争日趋激烈的市场，高职院校人才的培养成为当下的重点。我国的教育主管部门与高职院校非常重视创新人才的培养。高职院校在教学、实践等方面不断加大人才培养投入，其做法如下：

1. 建设实践教学基地

实践教学基地建设是推进高职院校实践教学改革的基础工程和基本保障，应将实践基地建设作为重要的基础设施建设来抓，通过理顺体制、加大育人、加强管理，使实践基地在创新人才培养中发挥重要的作用。高职院校在专业建设过程中，要同时将与该专业相关的实验室建设和实习基地建设等作为重要的专业建设内容，落实建设经费，制订切实可行的建设计划和师资培养、引进计划。实验室建设要统筹规划，优化配置，要按功能设置实验室，同一个实验室能承担不同专业、不同课程的实验教学任务，增强学科专业的适应性，提高使用效益。要加大校内实践教学基地建设力度，建设一批直接服务于学生创新实践能力培养，集实践教学、科学研究及技术推广示范为一体的"产学研"创新实践基地。校外实习基地是实习教学的主战场，高职院校应通过多种渠道建立足够数量的实习基地，以满足创新人才培养的需要。在校外实习基地建设和运行过程中，要吸引和聘请行业企业的专家、工程技术人员和管理干部一起参与实习教学环节的管理和指导，增强实习教学的指导和管理力量。

2. 对外开放实践基地

高职院校建设的实践基地主要向学生开放，而对外开放有时间限制。针对目前的培养创新人才的目标计划，高职院校实践基地要加强对学生开放的力度。实践基地开放共享有助于教学资源的利用，促进对学生实践能力的培养。高职院校在开放实践基地方面要有一定的计划，不能盲目地对外开放，要针对实际情况开放实践基地。另外，高职院校建设的实践基地可以向校外人员开放，如采用建立收费标准、享受补贴等措施促进教学基地的开放共享，这样既锻炼了校内人员，又能满足校外人员的使用。高职院校要鼓励学生参与实验，将实验加入课堂专业的教学中。

3. 加强师资队伍建设

教学是学生在高职院校期间学习知识的主要途径。为了创新实践教学体系的建设，高职院校必须全面提高教师的理论知识和职业素养，要不定期地采取一些措施，鼓励教师参与实践教学工作以及实验室组建工作，让教师从实践中得到教学经验，使教师能更好地为学生授课；要抓好"双师型"实践教学师资培养工作，通过各种培训、培养途径，使他们既具备扎实的基础理论知识、较高的教学水平，又具有很强的专业实践能力。

4. 加强学习指导

培养学生创新实践能力的关键是积极主动地参与实践，制订实践目标计划，参与实践、分析实践、总结报告等。在这一系列的过程中，教师作为学生的引导者，参与指导，将实践理念贯穿于学生的实践环节。教师针对学生的不同情况提出要求，有针对性地指导学生，并给予一定的帮助。

二、深化创业教育：提供创新实践的支撑

近年来，大学生创业成为院校宣传的重点，也是高职院校培养人才的目标。我国许多高职院校将大学生自主创业当成了实践育人工作的重点，积极响应国家政府或地方机关的号召，努力培养大学生的自主创新精神，开展一系列的引导大学生创业的计划，加强创业教育与实践，提高学生的综合素养和综合水平，为大学生自主创业提供保障。

（一）创业实践：多方参与，促进大学生自主创业

国家号召转变就业观念，鼓励选择多渠道多形式就业，促进创业带动就业。作为国家的栋梁，大学生更是培养的重点，应多方参与来促进大学生自主创业。

（二）高职院校创业教育的创新思路

根据多年的探索，高职院校创新教育的培养可以从以下几个方面着手：

1. 加快创业教育师资队伍建设

我国众多高职院校将师资建设作为当时教学体系的重点，制订教师培养计划，对教师提出评价标准。许多大学通过建立职业教师小组，使职业教师在实践技术当中可以充分发挥专业的特长，更好地给学生授课。第一，大学要引导教师树立良好的风气与创业教育的理念，第二，高职院校从内外两方面加强教师队伍建设。一方面，高职院校利用校内教师资源的便利性进行系统培训；另一方面，教育部每年会组织全国创业教育骨干教师培训班，高职院校应积极推荐校内的优秀教师参与培训班，提升自己的教育素养和专业知识。第三，教师在课堂上要向学生灌输创业教育的思想理念，通过课程教学、竞技比赛、案例讲座、课题讨论等多种形式，使学生参与其中，扩展学生的视野和创新精神。第四，高职院校可以力邀企业管理人员入校讲座，使创新教育实践化，比如组织学生参观地方创业园区以及产业孵化园区，让学生亲身感受到创业的过程。

2. 完善创新创业教育课程体系

高职院校要向学生宣传创新教育的重要性，全面推进创新教育课程。通过创业课程教育，学生能够初步了解创业活动的理论知识，认识创业的基本要求和注意事项，并从中学会分辨创业项目的选择、创业时机、创业资源。学生通过创业教育课程，掌握创业资源整合和创业计划书的编写，熟悉企业的管理与运作，同时在学习过程中要树立正确的创业观、人生观，学会控制自己的心理，适应社会的变化。

3. 强化创业教育实践实战环节

高职院校可以通过在校内组织创业项目设计、开展创业设计比赛，在校外组织学生参观优秀的创业企业，鼓励学生将理论与实践结合起来，从而锻炼学生发现问题、分析问题、解决问题的能力。例如，某所高职院校从三个方面进行创业实践。第一，在校内成立创业组织，在专业教师的指导下完成设定项目。通过创业活动、学生进入市场调查，走访企业，得到分析结果。第二，高职院校搭建实践平台。高职院校根据自身的实力，搭建应用型人才实践平台，培养学生社会交际能力、专业技术能力。第三，高职院校可以跨省跨区域寻找合作企业，与其建立合作基地。

4. 拓展创业教育受益面

高职院校开展创业教育是为所有学生提供培训服务，要纠正只为少数创业学生培训的错误态度。因此，高职院校开展创业教育的主要目的是扩展创业教育受益面，面向全体学生开展教育活动，培养学生的创新创业精神和意识，培养高素质、高技术、高要求、高品质的社会尖端人才。

5. 加大自主创业帮助扶持力度

我国众多企业在政府的帮助下，在经济开发区建立了科技园产业基地，这一方面可促进企业的发展，另一方面也可促进当地的经济发展。高职院校可以看准时机与这些科技园产业基地建立合作关系，鼓励学生加入产业基地，并落户于此。校企合作为大学生创业提供资金支持，国家也为大学生创业提供创业资金支持，帮助学生创业。因此，高职院校要为大学生创业提供法律、工商、税务、项目融资等方面的咨询和服务。

三、鼓励科研创新：激发创新思维的活力

（一）作为创新教育平台的科研实践

21世纪，现代化大学教育模式全面爆发，传统的、守旧的教育方式远远不能满足当代大学生教育的需求。因此，现代化高职院校的功能目标是：人才培养、科学研究、社会服务和文化传承创新。其中，人才培训是重中之重，其他三点都是在人才培养的基础上发展起来的，这四个功能相互作用、相互依赖，为创新教育发展提供了更广泛的空间。科学研究有助于提升学生的专业知识水平，为学生创新创业能力提供前提条件。可以说，每一个人才培养都是从科学研究中形成的，人才培养、科研创新两者应同步进行，缺一不可。高职院校要科教结合，使教学与研究形成互动机制，鼓励学生参与实验课题研究，加入创新团队，从而提高学生的动手能力和实践能力。目前，我国众多高职院校为了加快科研创新采取了一系列的做法。

1. 鼓励科研实践

高职院校教师不能只接收研究生以上学历的学生参与科研项目，要多支持本科学历的学生参与科研项目。高职院校的重点实验室、各学科的科研机构应融入创新教育，并编写科研论文、课题报告，比如鼓励师生一起发表论文、申请专利等。

2. 推动产学研合作

产学研合作是培养创新人才的机制，也是引进创新人才的动力。产学研合作的形式有：校企合作共同培养人才；共同建设研究中心或实验室；为创建科技园做好前期准备。

3. 加大教学科研互动

高职院校现在不断与国家级、省级等科研项目合作，并将科研项目转化为教材

以供学生使用。高职院校教学工作者将研究理论、研究方法、研究成果引入课程，把理论与实践结合起来，将实践应用于教学当中编写成教材，使教学内容与现实状况紧密结合，从而使学生能够得到最有效的知识。

4.搭建学术交流平台

学生愿意参加高水平的讲座活动，这是因为学生能够在这样的活动中开拓学术视野，把握学术的前沿性，从而有助于提高个人的综合素质。有实力的高职院校可以积极建立学术讲座，通过校企合作不断加强品牌论坛平台搭建，开设不同形式的学术活动，丰富校园文化，提高学生的人文素养和科研素养。

科学研究与创新人才培养强强结合，高职院校从人力、物力、财力各方面投入进行内部管理机制改革。高职院校在培养人才中依然存在着各种问题，如政策单一化，政策与教学系统联系不够紧密；学生只停留于表面的学习，并没有深入性地学习；科研利用率较低。科学研究是一个系统的工程项目，包括项目、平台、团队、产学研合作等多个元素，每个元素又有不同的层次。科学研究有助于培养全面发展的高素质创新人才，但是目前的科学研究和创新人才培养主要以科学研究为主，学生只能参与初级的项目。科学研究项目中的平台、团队、产学研关系复杂，运行复杂，高职院校在这些重要的环节中依然会选用经验丰富的人员参与其中，学生很少能够参与，这样就不利于高职院校内部创新人才的培养。

（二）大学生科研实践的创新思路

面对上面出现的情况，结合我国高职院校研究创新人才培养工作，提出以下建议：

第一，让学生参与科研项目。高职院校积极鼓励学生参与科学研究活动，这是发展科研项目以及培养创新人才的好方法。高职院校要营造宽松的科学研究氛围，使学生不会因为参与科研项目而感到过大的压力，然后根据学生个人的基本情况合理地划分科研小组，使学生能够充分运用自己的专业特长来研究项目。总的来说，学生在大型科研项目中既能学会尖端的科学研究方式，也能学会先进的科学技术，还能从团队合作中锻炼自己的团队精神。另外，高职院校还要鼓励学生参加一些符合自己知识水平结构的一般性科研项目，使学生在自己的学业能力范围内增长知识。

第二，充分借助企业资源，促进产学研合作纵深发展。为了进一步完善人才培养方式，高职院校要将人才培养过程中不适应社会现实需要以及脱离经济社会发展的现实情况进行改善，要对人才培养的自我封闭模式进行改革。人才培养需要在经济、科技、教育的社会大环境中进行，以"产学研"结合作为切入点，通过对高层次人才进行联合培养，力求为高新人才创新发展提供一个更广阔的发展空间。

第三，认真实施创新能力提升计划，促进协同创新平台建设。学科建设、科研创新和人才培养三者结合的发展模式作为对人才创新能力培养的核心问题，始终沿着高水准、高起点、具有自身特色的发展道路，对高职院校现有的基础性资源以及社会多方汇聚的教学资源进行充分利用，再加上高职院校、研究院、地方政府、企业以及国际社会对深度融合的大力推进，通过此模式来对创新人才培养的发展模式进行探索并逐步完善，力求培养适应社会不同需求的新型创新型人才。另外，通过市场机制与政府主导相融合的模式，对高职院校在创新能力培养的过程中出现的内部机制问题以及其他影响创新主体间的体制问题进行突破，从而将创新人才培养作为高职院校协同创新的重中之重。总之，通过对系统的改革使人才、资本、技术、信息等方面的活力充分释放，有利于建设一个协同创新的新型校园环境。

第四节 艰苦奋斗、创业实践育人

人类社会的历史就是艰苦奋斗的创业史，中华民族五千年的奋斗历程创造了辉煌灿烂的中华文明。艰苦奋斗精神作为中华民族的传统美德，是激励我们继往开来、开拓创新的动力源泉。

一、学艺与修身：弘扬艰苦奋斗的传统美德

中华民族历史悠久，拥有丰富多彩的文明，给世人的印象一直就是勤劳勇敢、不屈不挠、不畏艰险、自力更生、艰苦奋斗，这种精神早已深深融入中国人民的骨血中。年轻群体不仅是中华文化的继承者，还是中华文化的传播者和创造者。因此，这就要求大学生必须在日常的学习和生活中，一方面认真"学艺"，另一方面注重"修身"，并始终保持艰苦奋斗精神，传播中华文化，把中华民族优秀的传统文化发扬光大，为实现伟大的中国梦贡献自己的力量。

为了更好地应对大学生群体产生的各种改变，高职院校需要加强对他们进行艰苦奋斗的精神教育。开展与此相关的教育实践活动所面临的最大挑战就是没有足够的载体，而围绕思想政治教育理论课开展的传统思想政治教育模式已经不能很好地适应当前这个时代的培养要求。对当前所有高职院校的教育实践活动进行总结，我们可以发现，各种各样的育人实践都有着自身不同的特色，比如实践背景是对传统

文化的弘扬，实践目标是认真"学艺"和注重"修身"两个层面，实践载体是依托各种主题。其中颇具特色的教育实践方式主要包括以下几个方面：

（一）社会调查研究

这是大学生进行社会实践的最主要的方式，对培养大学生发挥着重大作用。大学生的大部分时间是在校园进行学习，再加上其成长环境的不同，所以往往不能全面地认识和了解社会。然而，我们必须激励大学生积极参与到社会实践中去，这不仅可以扩展学生的知识面，而且是学生认识国情与社会需求的途径，满足了大学生求职学艺的需要，并锻炼了大学生自身的意志，促进了社会关怀，从而进一步提升自身修养。进行社会调查需要学生切实地投身于社会中，如采取田野调查等方式，这不仅需要学生不怕苦、不怕累，还要求学生具有相应的耐心与毅力。另外，在社会实践过程中，大学生可以切实感受社会实际，拓展认知范围，切实感受和理解其他社会阶层的生活，从而帮助自己形成远大的志向目标，并为这个目标而进行坚持不懈的努力奋斗。同时，参加社会调查还是大学生进行自我修养的过程，不仅可以陶冶情操，还可以正心诚意。只有大学生设身处地投入到社会实践生活里，他们才可以远离小我的局限性，感受社会的宽广与复杂，不再以自我为中心，而是考虑他人的感受，尊重和理解他人的所作所为，遵循并理解社会公德的内在要求，从而得到全方位、多角度的发展。

（二）主题教育实践

主题教育实践的主体突出且富有多种多样的形式，所以可以作为重要方式对大学生实施思想政治教育。对于大学生群体而言，高职院校将弘扬中华民族传统美德与艰苦奋斗精神作为主题，进行各种各样的教育实践活动是最有效果的。

（三）文化艺术活动

把学生喜闻乐见的文化艺术活动与中华民族的传统美德进行有机结合，也是大学有效进行思想政治教育的主要形式之一。传统的文化项目一般都在一定意义上对人的修养和性格提出了相应的要求，发掘优秀的文化艺术活动，并在大学之中引进优雅的艺术，这不仅是建设校园文化的要求，也是促进传统文化传播和学生自身修养的主要途径。

二、创业与守业

古往今来，艰苦奋斗精神鼓舞了很多中华儿女，他们为了祖国的进步和发展，一直在社会主义革命和建设的道路上奋勇前进、努力奋斗，实现了一个又一个卓越成就。根据以往的历史和现实，一个不具备艰苦奋斗精神的民族很难独立自主，一个不具备艰苦奋斗精神的国家很难进一步发展。同样，一个不具备艰苦奋斗精神的人很难在社会上站稳脚跟。所以，加大力度培养大学生的艰苦奋斗精神，对于当代大学生能够健康成长和实现新时代的使命来说，有着重大的现实意义和广泛的历史意义。

（一）创业维艰：传承艰苦奋斗的革命精神

中国共产党经历了艰苦奋斗的历史过程，在这个过程中始终坚持弘扬革命精神。对大学生进行艰苦奋斗教育是坚定其理想信念的基本要求。归根结底，培养大学生艰苦奋斗的精神就是帮助大学生形成正确的价值观、人生观和世界观的过程。大学所承担的主要任务之一就是教育学生形成正确的价值观、人生观和世界观。坚持和弘扬艰苦奋斗精神，体现着大学生自身的世界观。树立正确的世界观就一定会促进艰苦奋斗精神的传扬，让艰苦奋斗精神深深植根于个人的思想之上，并体现于日常行动之中。大学教育工作者应该从形成正确世界观的角度出发，以有计划、有组织的方式教育学生养成艰苦奋斗的精神，让他们能够分析和抵制人生道路上遇到的拜金主义、享乐主义等诱惑，抵抗住金钱所带来的刺激，并在实践中承受住现实的考验。

培养艰苦奋斗精神是培养社会主义建设者和继承人的要求。当代大学生是祖国的支柱，肩负着把我国建设成富强、民主、文明、和谐的现代化国家的历史使命。经过几十年的努力，特别是改革开放多年来，中国的社会主义建设取得了巨大成就，经济实力持续增强，城乡居民生活水平明显提高。但是，我国仍处于社会主义初级阶段，经济和科技水平与发达国家相比仍有差距。同时，世界经济和科技革命发展迅速，国际竞争日趋激烈。要在这样的环境下实现中国特色社会主义的现代化建设，只有全国人民共同努力，特别是当代大学生，他们应该更加努力。

培养大学生的艰苦奋斗精神是指引大学生树立成长成才目标的要求。从古代到现代，不管是中国人还是外国人，只要是做出巨大成就的人才，都是我们应该效仿的榜样。"生于忧患，死于安乐""天将降大任于斯人也，必先苦其心志，劳其筋骨，饿其体肤，空乏其身，行拂乱其所为，所以动心忍性，曾益其所不能"。所以，想要成就一番事业的大学生就应该具备艰苦奋斗精神。艰苦奋斗精神，一方面代表了节约俭朴的生活作风，另一方面代表了不惧苦难、勇于奋斗的思想品质。目前，国际竞争意味着综合国力的竞争，其中最关键的还是人才的竞争。真正的人才在精于专业的同时，还必须具备坚韧的精神、高尚的品格、健全的心理和良好的沟通能力。大学是培养高层次人才的主要机构，必须加大力度培养学生的综合能力，这其中对于意志、精神的磨炼和培养是不可或缺的关键环节。

（二）在创业与守业实践中培养大学生的艰苦奋斗精神

在当代，我们必须通过思想政治理论课程奠定艰苦奋斗精神教育的根基。对于高职院校来说，主要就是通过思想政治课程对大学生开展全面的、系统的政治理论思想教育，并可以指引大学生树立正确的价值观、人生观和世界观。

艰苦奋斗精神的教育必须融合社会以及家庭的力量。强化大学生的艰苦奋斗精神教育不仅要求社会和家庭进行协作，最重要的还是要大学生自身能够发挥主观能动性，主动培养艰苦奋斗精神并加强自身修养。

家庭对孩子的影响无时无刻不在发挥作用，良好的家庭氛围不仅有助于孩子养成良好的生活习惯，还有助于提升社会风气。家长可以说是孩子的启蒙老师，对大学生艰苦奋斗精神的教育更是承担着直接责任。家长的言行举止和家庭氛围在大学生的成长过程中发挥着不可替代的作用。高职院校的各学科老师和辅导员、系主任都会定期与家长进行联系，共同探讨学生的教育理念和方法，因此高职院校构建了家长联系制度。

社会形式正在不断发生变化，高职院校也开始加强培养学生的独立主体意识，同时当前的社会舆论状况比较好，高职院校应当予以充分利用，举办有特色的主题教育活动，将大学生接受的良好的思想意识落到实处，并定期予以深化。高职院校应不定期地邀请一些名望较高的成功人士讲述他们不懈奋斗的历程，让学生可以从中得到启发，并全面提升他们的信息判断能力，这样他们就可以自主接受健康的信息，养成自觉学习政治理论的习惯，同时进一步提高分辨是非的能力。

梦想照进现实，关键在于行动，大学生要在实践的熔炉中增长见识、砥砺品质、强化本领，努力成为可堪大用、能负重任的栋梁之材。我国著名教育家陶行知提出有关生活教育理论的三大主张——生活即教育、学校即社会、教学做合一，同时主张在实际的生活实践中对人进行教育，从当下做起，自力更生，自食其力，做一个独立自主的人。对于当代的大学生来说，这也是将成才梦、中国梦照进现实的具体路径。

三、培养自力更生的自强品质

（一）勤工助学是大学生养成艰苦奋斗精神的重要载体

由于城乡发展不平衡，近年来我国高职院校的招生规模正在极速扩大，随之而来的是贫困生数量的不断增加。勤工助学源于我国 20 世纪初期的留洋勤工俭学。高职院校学生中有一个非常特别的群体——家庭贫困学生，国家和社会对他们的学习、生活和心理状况等十分关注。为了使他们能够顺利毕业，并培养他们自力更生的能力和良好的社会实践能力，高职院校的贫困生勤工助学活动应该以培育人作为目标，以济困作为手段。正所谓，授人以鱼不如授人以渔，所以高职院校应该将"授人以渔"作为帮扶教学的重心，其中创业助学（贫困生勤工助学和创业教育进行有效结合）可以作为一条创新路径划入济困育人的模式。

综上所述，培养大学生自力更生的奋斗精神和自主创业的动力不仅可以使他们摆脱因经济而四处奔波的困境，能够以健康的身心投入学习并快速成长，而且还可以全面提高他们的就业素质，同时使大学生的自主创业体系得到进一步完善，从而使大学生就业局面得到改善。

家庭贫困的大学生往往比普通大学生对自主创业关注得更多，考虑得更多，同时实践得也就更多。这主要源于其不同的生活阅历：来自农村、偏远山区或城镇低保家庭的贫困大学生占据多数，他们自小吃苦耐劳，通常采取打工和勤工助学等方式获取部分生活费用；另外，受环境因素等方面的影响，来自贫困家庭的大学生希望通过自己的不懈奋斗改善自己和家庭所处的环境，因此自主创业的相关培训和政策往往更能引起他们的兴趣。

（二）在实践中成长：创业型勤工助学模式的育人实践

勤工助学不仅可以在一定限度上对学生提供经济帮助，而且可以让学生全面地参加社会实践活动，这样既可以保证贫困大学生有机会接受高等教育，培养他们自力更生、艰苦奋斗的作风，也可以帮助他们拥有敢于面对困难的勇气，从而更好地克服困难并承担责任。家庭经济困难的学生可以在参加勤工助学的过程中克服挫败感，从而能够在逆境中奋发图强，得到自我提高。在参加勤工助学活动过程中，大学生的诸多能力（如创新能力、社交能力、自主解决问题的能力、理财能力、适应能力和实践能力等）可以得到提高，综合素质也可以得到提升。

第五节　锻炼高尚品格

弘扬传统美德以及引领社会风尚的中坚力量是青年人，尤其是大学生，所以大学生应该有胸怀天下的大德、乐于奉献的公德以及修身齐家的私德，尽最大努力做到身兼三德，不但要做社会主义核心价值观的宣传者，而且要做其实践者。因此，大学生应该及时了解时事、政治热点、军事焦点，并在此基础上纵观大局，在参加公益活动和志愿服务中弘扬爱心，在参加社会实践的活动中领悟大德。另外，高职院校应当举办国防教育、社会实践、志愿服务活动等，使学生可以真正领悟到"国以德兴，人以德立"。

一、在了解形势中明确使命

从目前来看，大学生的思想品质大体上是积极健康的。他们不仅思维活跃，反应敏锐，而且见解十分独到，对事情有不同的观点和看法，因此大学生能够很容易适应时代的变革。但是，社会发展十分迅速以及大学生也处于不断成长的过程中，所以他们容易在思想方面出现问题。大学生应该及时了解国内外的热点和焦点，准确把握并认真贯彻执行党和政府的方针政策。党和政府的方针政策以及国防教育可以借助课堂教学和课外实践引导大学生树立"国家兴亡，匹夫有责"的大德，提升运用马克思主义基本原理来分析社会问题的能力，进一步激发学生的爱国热情和民族自信心，同时提高学生的社会责任感。

（一）形势与政策教育和国防教育的重要意义

形势与政策教育和国防教育不仅是高职院校对学生进行思想政治教育的主要途径之一，也是对学生进行综合素质教育（通常以思想政治素质为核心）的重要阵地。高职院校对学生进行形势与政策教育可以提升学生分析和解决实际问题的能力。国防教育通常被作为思想政治教育至关重要的组成部分，因为这样可以充实大学生的思想政治教育。形势与政策教育和国防教育不仅是大学生思想政治教育的本质体现，而且是大学生思想政治教育的主要目的。对大学生进行这两种教育有利于贯彻国家意志，有利于培养大学生的国防意识和爱国精神，有利于对大学生的心理进行完善，有利于对大学生进行思想政治教育。

现将对大学生进行形势与政策教育和国防教育的主要任务归纳如下：使大学生

能够准确全面地认清国内外形势，同时能够进行科学分析，准确把握党和国家的路线、方针及政策，全方位提升大学生的综合素质，提高他们对政治问题的敏感性和分辨力等。

（二）形势与政策教育和国防教育面临的挑战

由于社会发展日趋快速，文化也逐渐趋于多元化，加之教育存在时效性等问题，因此形势与政策教育和国防教育尚未形成固定的模式，但是各个环节与层次需要进行持续的探究。因此，形势与政策教育和国防教育的相关工作存在不同程度的不足就成了无法避免的事情，原因如下：

第一，社会构成多样化是时代赋予大学生的特色，他们对形势与政策的关注度较低，对国防教育的意识比较淡薄。随着我国经济飞速发展，学生的家庭经济状况明显改善，学生的生活方式也在向多元化发展，这就对学生的思想观念形成了猛烈的冲击。学生的思想观念明显地向多样化发展，不同观念和价值取向在学生之间的碰撞也越来越明显。他们不仅对人和事的看法不同，而且对各种社会现象和风气的评价也有所差异，同时对不同观念、思潮和生活方式的态度也不同。高职院校形势与政策教育和国防教育应将受教育者的思想、观念和行为多样化放在首先需要考虑的位置。但是，形势与政策教育的模式相对比较单一，同时存在泛化趋势，国防教育的教学活动没有与实际情况进行联系，无法引起学生的兴趣。

第二，当今社会发展迅速，但形势与政策教育和国防教育则相对滞后，进展十分缓慢。科学技术正在飞速发展，信息技术也在向前推进，互联网逐渐成为人们日常生活必不可少的一部分。物理空间的限制性已经被互联网打破，信息交流变得更加方便，这就为日常生活、科学研究和教师教学提供了便利。互联网信息的随意性非常高，主要表现为各种有价值的信息在传播过程中夹杂着各种负面信息。如果无法对学生上网进行有效管理，那么网上的负面信息可能会影响学生的思想。新时代背景下，形势与政策教育和国防教育的研究重点如下：在发挥互联网积极作用的基础上，针对当代大学生的特点进行正面引导，减少互联网对他们的负面影响，使互联网能够真正成为对学生进行辅助教育的工具。但形势与政策教育和国防教育的适应性很差，没有对新变化和新条件给予充分关注，设置的教育内容及形式缺乏创新性，对策也相对滞后，这些都急需进行改善。

第三，形势与政策教育和国防教育涉及面比较广，所以相对缺乏针对性、时效性。因此，高职院校就应该更加认真地选择教育内容，有选择性地对学生进行讲授。

也就是说，形势与政策教育的内容应设置恰当，与学生的"胃口"相契合。

（三）形势与政策教育和国防教育的探索与创新

我国部分高职院校对形势与政策教育和国防教育进行了一系列探索和实践，这可以在一定限度上提高育人的针对性，而且已经获得有效的成果。

1.改革教育教学方式，增强吸引力

形势与政策教育和国防教育涵盖的内容十分丰富，包括文化、政治、社会、经济、军事和外交等领域，不但信息量巨大，而且有非常强的时效性。因此，高职院校应该及时更新并调整形势与政策教育和国防教育的相关内容。形势与政策教育不但包含稳定性较强的基本理论和政策，而且应当将时事热点和焦点涵盖在内，同时充分融合大学生的生活、学习及就业等问题，全方位挖掘可能吸引学生的兴趣点，对教学内容进行持续调整，达到常讲常新的目的。

有的高职院校设置了形势与政策教育或国防教育研究组，这样不仅可以更好地进行形势与政策教育和国防教育，集体讨论各个学期的教学要点，细化教学内容，而且可以及时探讨形势与政策教育和国防教育的热点和难点，从而得出较为一致的结论。同时，教学内容要尽量与时俱进，与学生的思想充分契合。

有的高职院校将理论与案例进行结合，这样可以加强教学的说服力和生动性。单纯的理论教学显得较为空洞，学生也很难理解，将案例与理论结合可以使教学内容显得较为生动，学生也可以较好地接受教学内容，课堂沉寂的气氛也可以得到改善。

有的高职院校将形势与政策课程和假期的社会实践活动进行融合，活动结束后学生和教师共同探讨所见所闻，阐述心得体会和人生理想等，同时教师对学生的疑惑进行解答。在实际的教学活动中，教师在阐述社会中存在的正负面现象时应尽量运用新的观点、概念及理论，进而得出结论。对正负面的现象进行阐述不仅可以让学生对目前的形势与政策有所了解，还可以满足学生对形势与政策教育和国防教育的内在需求，同时调动起学生的积极性、主动性，让他们把学习过程转化为自主的爱国、爱校行动。

学业调整、心理疏导及就业指导等不仅是学生特别关注的焦点，也是形势与政策教育中的研究内容。很多高职院校已经将"新生心理健康教育""职业生涯规划"（两门课程均是选修课）作为对全校学生进行形势与政策教育的相关课程，并且取得了令人满意的结果。新生迈入高职院校大门后，教师应尽最大的努力帮助他们对

未来的职业生涯进行规划，同时重点讲述就业市场的现状以及如何树立正确的择业观、就业观。结合学生的专业背景和特点，邀请不同专业的专家学者对专业现状、就业前景进行全面解读，这不仅能够帮助学生准确把握所学专业的未来发展方向，并且能够使他们及时准确地调整就业观。

2. 激发学生的学习动力，培养学生自主学习的能力

将学生在形势与政策教育和国防教育中的主体作用进行发挥，增强学生对教育的兴趣以及参加教育活动的主动性，使学生积极地融入教育教学活动，进一步提升形势与政策教育和国防教育的实际效用。同时，培养学生的自主学习能力不仅是形势与政策教育和国防教育改革的发展趋势，也是现代高等教育的客观要求，更是解决形势与政策教育和国防教育问题的必经之路。

加强实践教育不仅可以提高学生的学习动力，而且对提高学生学习的积极性至关重要。形势与政策教育和国防教育的实践活动通常划分为校外实践和校内实践。校外实践是指学生通过参观博物馆、科技馆，参加课外实践活动以及进行实际的调研活动等，准确把握当前我国的政治经济等形势，对党和国家大体的方针政策进行了解，从而树立正确的人生观、价值观和世界观。校内实践是指学生在校园内参加与形势与政策教育和国防教育相关的活动，从而提高学生观察和分析问题的能力，使学生时刻关注和注重分析当前时事。

增加与学生互动的力度可以培养学生的自主学习能力。有的高职院校主张形势与政策教育和国防教育的课堂教学应该由学生主讲，这样可以在一定限度上提升学生参与教学的积极性。从心理学角度进行分析可以发现，认知学习在具体的教学情境下可划分为智力技能、认知策略及言语信息。认知策略是指学生指导自己学习、记忆及思维的能力，并且在学习知识的过程中起控制和执行作用，同时也可以对自身的内部行为进行控制。在水平大致相等的智力技能条件下，能够选择有效认知策略的学生，其解决问题的实际能力往往就越强。由学生主讲的优势如下：从分析问题入手选取相关信息，从而对知识进行串联和重组，快速提升学生获取和筛选知识的能力；培养学习能力，提高解决问题的能力，这往往比获得书本知识更加重要；加强对教育内容的把握程度。

3. 优化师资队伍结构，提高教师自身素质

对于形势与政策教育和国防教育来说，师资雄厚的教师队伍的建设至关重要。形势与政策教育和国防教育的目标是使大学生能够深入了解并认同我国的主流意识

形态，并且最终与学生的价值观进行融合，而这一目标与其他思想政治理论课的目标大体上一致。其他思想政治理论课通常直接向学生阐述马克思列宁主义、习近平新时代中国特色社会主义思想，而形势与政策教育和国防教育则是在此基础上运用相关原理、方法及理论对当前发生的重大事件以及出台的方针政策进行分析。在具体分析的过程中，大学生不仅要认同党的方针政策，而且要提高自己的分析能力，也就是说，授人以鱼不如授人以渔。综上所述，形势与政策教育和国防教育成功的关键在于：第一，提升教师自身的素质；第二，对师资队伍结构进行优化。

二、在志愿服务中体现价值

国家越来越重视大学生志愿服务，所以高职院校通常将其作为实践育人和德育工作的重要内容。大学生参加志愿服务活动不但可以体现实践育人的价值，而且可以为实践育人提供平台，对育人目标的达成具有无可替代的作用。大学生参加志愿服务活动不仅可以丰富其发展平台，还是加强大学生思想政治教育活动有效性的重要方法。

大学生志愿服务体系和构建社会主义核心价值观是双向的互动关系。从国家层面来看，志愿服务体系在一定限度上可以弥补市场机制和政府机制存在的不足，从而为把我国建设成为富强、民主、文明、和谐的国家贡献力量。从公民个人层面来看，志愿服务有利于大学生树立爱国、敬业、诚信、友善的价值观。在构建社会主义核心价值观的过程中参加志愿服务活动的作用主要表现在以下几点：作为精神因子推动构建社会主义现代化的步伐；推进社会主义精神文明建设；净化社会道德文明风尚；传承团结友爱的信念。

（一）大学生志愿服务的育人价值

大学生志愿服务在我国一经提出就受到党和国家的高度关注，这说明党和国家充分肯定和重视志愿服务的育人功能。高职院校进行实践育人和开展德育工作的重要手段与创新载体是志愿服务活动，它是培养合格的建设者和接班人的新途径。它不仅是大学生服务社会的主要方式，而且是高职院校培养高素质人才的初步尝试。

大学生志愿服务是大学生对志愿服务进行价值研究和判断后进行的实践活动。大学生通常是利用课余时间参加志愿服务活动，这种实践活动通常是自愿参加的，且不以报酬为目的，以时间、精力及技术的付出来推动社会公益事业、调节社会矛盾、完善生活区工作的一种实践行动。大学生志愿服务活动的时代特征十分明显，它不仅与当代大学生的特点相契合，而且是大学生参加社会活动的重要方式。近年来，志愿服务活动在高职院校十分盛行，大学生已成为志愿服务的主导力量。志愿精神是志愿服务的核心，它借助志愿者强大的信念指引志愿者参加活动，在此过程中充分展现了传递爱心和服务社会的态度。奉献、友爱、互助和进步是中国大学生志愿者协会对志愿精神的简要概述。志愿服务的精髓是"助人自助"，即大学生基于自愿的原则利用课余时间贡献自己的知识、技能及才能等，从而为他人、为社会提供免费的服务。参加志愿服务活动不仅可以促进社会公益事业的发展，也可以加强参与者的独立意识和社会责任感，强化爱国主义精神，使自我价值得以实现，最终达到提升综合素质和实践能力的目的。

高职院校实践育人过程中极为重要的一个环节就是大学生志愿服务。志愿服务的思想政治教育功能主要体现在以下几个方面：①导向功能，通常是指信仰导向、道德导向及成才导向，这一功能主要是引导大学生在社会转型时期强化正确信仰和道德素质，并运用所学的文化知识服务社会；②凝聚功能，在爱国主义、志愿服务、集体荣誉感和共同信念的影响下，大学生能够迅速凝聚，最终为共同目标而奋斗；③激励功能，通常包括责任感、评价、成就感和榜样等方面的激励；④调节功能，主要是指志愿者内部、志愿者与社会机构、志愿者与服务对象等方面的协调。

如何通过志愿服务体系充分开展大学生品德教育，这是高职院校师生的研究热点。基于志愿服务育人功能得以充分发挥的要求，鼓励学生积极参加志愿服务活动，从而达到正确树立社会主义核心价值观、社会责任感以及弘扬爱国主义情怀的目的，传承"学雷锋"精神，弘扬中华民族传统美德，加强团队协作意识和动手实践能力，锤炼高尚品德和坚强意志，实现自我价值，有效实现"助人自助"的局面。这不仅是开展高职院校志愿服务活动的目标，也是高职院校进行实践育人和德育工作中最值得探索的问题。

（二）大学生志愿服务的主要表现形式

从服务内容看，当下大学生志愿服务活动主要分为以下四类。

1. 专项型志愿服务活动

专项型志愿服务活动的各个环节（发起、招募、培训、组织、实施和评估等）通常是围绕专项任务展开的，在达成目标后，志愿服务活动也就到此为止。例如，"大学生志愿服务西部计划"（由团中央、教育部等共同组织策划）属于最具有代表性的专项型志愿服务活动。目前，已经选派了 10 万名左右的大学生志愿者参加志愿服务西部计划，并且深入西部贫困地区和中东部欠发达地区，这对推动区域经济社会持续快速健康发展具有至关重要的意义。专项型的大学生志愿服务活动在我国有很多种类，如"保护母亲河行动""大学生志愿者扶贫接力计划""中国大学生志愿者绿色行动营计划"等。

2. 专业型志愿服务活动

专业型志愿服务通常是指具有某项专业知识或技能的志愿者提供的志愿服务，涉及教育、医疗及法律等各个领域。随着社会文明的快速发展和人们需求的日益多样化，专业型志愿服务的发展显示出蓬勃发展的态势，引起了越来越多的关注。

影响较大的专业型志愿服务活动通常涉及以下几种：高职院校开展的义务家教活动，大学生志愿者运用他们的知识无偿为经济困难家庭的孩子辅导功课，社会受益范围非常广；"三下乡"社会实践活动；研究生支教团等。

3. 公益型志愿服务活动

公益型志愿活动通常是指志愿者为政府举办的大型赛事、庆典、会议等大型活动提供的各种公益服务，它是大学生志愿活动的主要形式之一。无论是北京奥运会、上海世博会还是广州亚运会，到处都能看到大学生志愿者忙碌的身影。

大学生志愿者能够以其独特的热情积极投入到各种大型服务活动中，有规划、有组织、有纪律地开展方方面面的工作，甘于付出，不计得失，愿意为国家举办的大型活动贡献自己的力量。在参加志愿活动的过程中，志愿者不仅可以开阔眼界，增长见识，锻炼社会实践能力，而且可以加强自身的业务素质和服务社会意识。

4. 社区型志愿服务活动

随着我国城市化进程的日渐加快和政府职能的逐步转变，社区型志愿服务的重要性日益凸显，并且成为社区公共服务的一种重要组织形式。大学生带着一定的知识、技能、劳动走入社区，进行敬老、爱幼、助残、帮学、扶贫和帮困等志愿服务活动，有目的地为社区民众尤其是困难群体提供各种形式的援助，体现了大学生志愿者的自我价值，在推进现代城市社区的建设中起到了重要作用。

（三）大学生志愿服务工作的完善与提升

随着社会日新月异的发展，大学生志愿服务遇到了新情况、新问题、新挑战，同时面临着新的发展机遇。比如大学生志愿服务组织中出现组织松散、管理混乱、资金匮乏、缺乏专业指导、活动流于形式、效率低下、志愿者权益得不到保障等问题。这些问题限制了大学生志愿服务德育功能的发挥，所以需要在实际活动中进行解决。为了解决这诸多问题，建设大学生志愿服务体系的相关工作必须与时俱进，运用有效的方法、手段、机制及活动载体，针对不断出现的新情况进行探索和实践，寻找解决问题的路径。

因此，国内各高职院校和社会机构在志愿服务体系的建设和完善方面进行了创新性探索，从志愿服务组织的薄弱环节着手，通过平台的搭建和制度的支持，对校内志愿服务体系进行了调整，通过创新组织与管理体制，建设志愿服务长效机制，促进活动常态化、基地化、品牌化，对志愿服务保障机制进行完善，建立健全评估和激励机制，加强志愿服务品牌的影响力，从而有效开展志愿服务活动，增加德育工作的实效性，更好地发挥志愿服务的德育功能，最终取得值得肯定的成绩。

大学生志愿服务作为一种新的社会动员方式和机制，是新时期高职院校实践育人工作的有效途径和载体，是践行社会主义核心价值体系的新渠道。在党的领导下，我国大学生志愿服务经过多年的发展，志愿服务体系日趋完善，发展路径日趋明朗，在促进社会建设、推动社会文明等方面起到了不可替代的作用，而充分发扬志愿者的服务精神对于大学生思想品德的磨炼和综合素质的提升意义重大。

三、在社会实践中强化责任

高职院校实践育人的目的是培养学生树立正确的人生观和价值观，通过社会实践加强学生的动手能力、解决问题的能力、与人合作沟通交流的能力。通过积极参加社会实践活动，磨砺思想道德品质，大学生不仅可以在具体的实践活动中发现新知识并加以运用，还可以在解决实际问题的过程中增长见识。作为大学生思想政治教育的重要途径，社会实践在高职院校实践育人的教育活动中具有重要的现实和战略意义。

为进一步开展爱国主义教育、形势政策宣传以及人生观、价值观和世界观的正确树立等相关教育活动，高职院校特意组织学生深入参加各类具体的实践活动。这些种类繁多的实践活动具有以下几方面的重要作用：带领学生走出校园、走向社会，有助于他们了解社会、风俗、民情，加强爱国主义教育；切身体会实践活动，有助于他们深入理解课堂所学知识，增长见识；亲自感受万千事物，有助于他们树立正确的人生观、价值观和道德观。对实践经验和成果进行总结可以发现，大学生的社会实践活动已经成为高职院校实践育人的重要方式，在提高大学生思想道德素质方面起到了积极作用，发挥了重要的德育功能。

（一）大学生社会实践实效性的缺失

大学生社会实践包括研究型、服务型及养成型三种。其中，高职院校大学生实践的主要途径是服务型，如"三下乡"（指让农村知道文化、科技、卫生方面的知识）、"四进社区"（指科教、文体、法律和卫生进入社区）及社会调研等。虽然相关的实践活动已经取得令人惊喜的成绩，但是"应景之作、形式之实"等虚假信息随处可见。也就是说，有的社会实践活动仅仅是为了应对上级或社会呼吁而进行的，学生无法收获真正有价值的知识或见识，高职院校举办的这种活动可有可无。

大学生对于社会实践活动重视不足，一部分原因就是高职院校在实施社会实践活动时存在机制不完善的情况，主要包括考核机制以及资金投入不匹配等问题。那些可以让高职院校获得荣誉的国家和省市级项目，高职院校投入会比较大，并且还有专业的导师进行指导，但对于一般的学生来说，社会实践活动却没有统一的考核要求和相关的激励措施，而这部分社会实践活动的开展却对大学生整体素质的培养有着非常重要的意义。

（二）提升大学生社会实践实效性的路径

1. 增强大学生社会实践活动内容的广泛性

大学生对社会实践活动不够重视，主要原因在于活动的主题对大学生的吸引力不大。这就对教育主管部门或高职院校提出了较高的要求，每年除了针对国家重大事情的大力推进，还可以就民生问题、社会热点问题进行相关活动的开展，定期在高职院校里公开征集一些热点议题，让学生自发增强责任意识、积极参与社会实践。他们可以在实践中增长才干，提高分析、解决问题的能力，在一定程度上也可以调动他们的积极性。

另外，因为涉及内容的广泛性，在学生的社会实践考核方面，高职院校可以做很多新的尝试，除正常的学生递交实践调研报告途径之外，还可以采用访谈录、纪实报道等方法来总结。目前，许多大学生的实践报告还停留在千篇一律的流水账式，诸如通过一个活动，获得了某些成绩。这种报告缺乏深度思考，大部分还是停留在表面概述上，有的甚至还局限于一种形式，无益于大学生深层次能力的培养，需要进行变革。通过深刻反映问题，递进式地分析问题，最终解决问题，只有这样才能实质性地培养学生的社会适应能力。

2. 培养有个性、有独立学习能力的学生

教育工作者应该根据学生不同的个性，因材施教，实现个性化教育，培养学生

的独立思维。

人格教育涉及一个人宏伟的人生目标、良好的社会适应能力，使其在社会中遭遇陌生环境或新的事物时，能够保持乐观、积极的心态，使思想、行为跟上社会的发展潮流，进而改变现状。学生在参与过程中可以有选择性地做自己喜爱的或擅长的项目。高职院校要围绕多种主题来开展实践活动，使每个大学生的身心都得到进步与发展，并在实践中获得真理，增强自信心，提高社会主人翁意识，以便大学生更好、更快地融入社会，张扬个性，最大限度地发挥自身的优势。

在实践的过程中，主动参与的学生提前步入了社会，真实感受到了人间冷暖和世态炎凉，了解了社会发展的现状和问题，增进了责任意识，从而用积极的心态去关爱社会、服务社会，在这个过程中，自己也会得到社会的反馈，展现自己的人生价值。这在一定限度上满足了主、客观条件的需要，同时适应了社会多样化发展的需求。

能否树立"服务学习"的理念是高职院校社会实践成败的关键。通过实践可以培养学生的社会意识，提高学生的社会技能，赋予学生社会使命，促进学生的自我发展。开展社会实践的目的不只是为了让学生走出校园，看到社会的表面现象，而且要让学生将所学知识与实际相结合，解决实际问题。所谓实践出真知，在实践的过程中，学生可以学到课堂上学不到的知识，开阔自己的视野，成为拥有使命感和宽广胸襟的人。

3. 分层次、有针对性地开展社会实践活动

大学生参与社会实践是他们履行社会责任的一种体现，高职院校应该把社会实践环节作为大学生的必修课程来进行管理，要求他们每学期必须完成相应的学分，在实践课题的难度上、深度上，高年级比低年级要相对加大，形成一定的梯度。例如，低年级学生的社会实践可以跟勤工助学结合在一起，另外还可以通过志愿者服务、做义工等形式，加强学生对社会的了解，为以后更广泛地服务社会打下基础；高年级的学生可以发挥自己专业上的特点，社会实践要跟专业结合得更加紧密，可以提高一个层次，区别于低年级的大学生和一般的社会大学生。这些切实有效的操作方式在一定限度上还可以避免大学生局限于书本的理论知识，形成刻板的教条主义。目前，社会上为何还认为大学生眼高手低、高分低能？就是因为大学生对于社会的了解还不够，高职院校、社会给他们的有效资源不足，体制上决定了大学生还是处于一种比较封闭的环境里。

在实践中，教师要鼓励学生对不同程度的社会实践议题进行大胆创新，并且给予一定的专业指导，如完成社会实践调研报告，要求学生注重理论联系实际，并使报告在实践中具有可行性，定期对在社会实践活动中表现优秀的学生进行一定的表彰与激励，条件好的还可以在校园进行宣讲。

4. 加强高职院校与社会的紧密合作

社会对于大学生社会实践的热情不高，高职院校培养体系与社会需求在一定限度上还存在脱节现象。从目前部分大学生就业难的情况可以看出，大学生在适应社会环节上还有偏差，高职院校的培养目标与社会的需求有差距。为了切实加强高职院校与社会的联系，可以进行以下两方面的探索：一方面，高职院校在学习年限、专业、课程上的设置要更紧密地与社会联系在一起，加强调研活动，积极关注毕业生走上工作岗位后的反馈，开展用人单位对大学生的要求调查等；另一方面，在大学生的培养过程中，高职院校可以聘请社会上的人员一起加强对大学生的指导，建立并实施职业导师制等措施。高职院校与社会紧密合作的总体要求就是高职院校既要走出去，又要请进来，形成一套动态的有效机制。

5. 强化社会实践基地建设

根据各个高职院校的具体情况，要有重点、分层次建立学生社会实践基地。从高职院校层面来看，可以重点建设诸如爱国主义、民族精神等思想政治教育实践基地，注重大学生道德层面的教育，同时进一步加强与政府相关职能部门、公益性事业单位的联系，如社区、传统教育基地、福利院、敬老院等。通过开展志愿者服务活动，从根本上对学生进行引导，使中华民族的优良传统得以传承，在实践活动中让学生了解社会，服务社会，培养学生正确的人生观与价值观。

从高职院校院系层面来看，各院系可以结合自己的专业特点，本着互惠互利、共同发展的原则，与企业共同建立实践基地，通过实践环节，在实践中强化学生的专业思想，强调专业知识在企业中的实际运用。比如参与企业的一些课题项目，刚开始可以简单点，随着了解的不断深入，对相应课题进行深化，增强学生对书本知识的实际应用，巩固学生的专业基础；另外还可以提前引导学生培养自身的职业素养，知晓企业的运营规则，有针对性地做好毕业生与职场人士之间角色的平稳过渡与衔接，如果条件成熟，高职院校还可以与企业建立产、学、研实践基地，通过实践与实习、就业直通车等，达到多方共赢的局面。

坚持理论教育与社会实践相结合，使学生所学的知识能够与具体实践联系起来，这是引导学生成长、成才的有效途径，需要高职院校、社会共同关注。高职院校要把社会实践活动与专业学习、服务地方、志愿服务、创新创业相结合，并且在机制建设、资金投入等方面能切实有效地去组织、实施，为培养出对社会主义事业建设有用的人才而不懈努力。

第三章 高职院校思政教育网络育人发展

第一节 网络思政教育内涵

一、网络思想政治教育的基本内涵

（一）网络思想政治教育的主体与客体

网络思想政治教育的主体是网络思想政治教育的承担者、发动者和实施者，它与网络思想政治教育的客体相对应，是对一定的客体实施网络思想政治教育活动的主体。网络思想政治教育的客体是网络思想政治教育的接受者，它与网络思想政治教育的主体相对应，是网络思想政治教育主体的作用对象。

一般来说，网络思想政治教育的主体可分为两类：一类是网络思想政治教育的个体，主要是指承担、发动、组织、实施网络思想政治教育活动的个人，如思想政治工作者、教师、家长等；一类是网络思想政治教育的群体，主要是指承担、发动、组织、实施网络思想政治教育活动的群体组织，如各种组织（党团组织）、团体（各种协会）等。由于网络具有开放性、虚拟性、交互性等特性，所以，基于网络的思想政治教育，其主体与客体的地位是平等的，主客体的身份也是模糊和可变的。

（二）网络思想政治教育的介体

网络思想政治教育的介体是网络思想政治教育主体与网络思想政治教育客体相互联系、相互作用的中介因素。主要包括网络思想政治教育主体作用于网络思想政治教育客体时的思想政治信息内容及思想政治教育方式。

思想政治教育是受政治制约的思想教育和侧重于思想理论方面的政治教育。主要包括思想教育、道德教育、政治教育和心理教育四个方面。这也就是网络思想政治教育主体作用于网络思想政治教育客体时的思想政治信息内容。

网络思想政治教育方式是很多的，比如，利用网上信息资源库开展思想政治教育；利用网络论坛（BBS）开展思想政治教育；利用网络社交媒体（微博、微信公众号）

开展思想政治教育；利用大学生喜闻乐见的新兴自媒体（短视频平台等）开展思想政治教育；等等。随着网络信息技术的迅猛发展，网络思想政治教育的方式、手段将越来越多。

（三）网络思想政治教育的环体

网络思想政治教育的环体是指与网络思想政治教育有关的环境。这个环境是对人的思想政治品德形成、发展产生影响的外部因素。网络思想政治教育的环境主要有两种界定：一种是虚拟环境，即网络虚拟空间；一种是网络背景下的环境。

通过对网络思想政治教育四个基本要素的分析，我们可以对网络思想政治教育的内涵表述如下：网络思想政治教育是指一定的群体或个人基于网络或网络背景，对受众施加一定的思想观念、政治观点、道德规范等方面的影响，使他们形成符合一定社会、一定阶级所需要的思想政治品德的社会实践活动。

网络思想政治教育可以从狭义和广义两个方面来理解。狭义的网络思想政治教育是指基于网络的思想政治教育，广义的网络思想政治教育是指网络背景或网络环境下的思想政治教育。为了更好地研究网络思想政治教育的特点，我们更多的是从狭义的概念出发。

二、网络思想政治教育的基本特点

网络思想政治教育是思想政治教育的重要组成部分，与传统的或一般的思想政治教育既有联系，又有区别，其基本特点表现在以下几个方面。

（一）教育关系的平等性与交互性

传统思想政治教育中，教育者主体往往处于主导、领导、权威的地位，教育者主体性作用往往强于受教育者的主体性。因此，在两者的关系上，教育者和受教育者是主动与被动的关系，他们之间的交流主要是以面对面、单向传播为主的方式。而网络思想政治教育，则更能体现出教育者与受教育者之间的平等性、融合性、协调性和互动性。人们在现实的人际交往中所遇到的种种障碍，如社会地位的高低、文化背景的不同、职业的差别、生活方式的不同等，在互联网上并不存在，取而代之的是人们之间互相平等的交往关系。在互联网上，网民可以与不同国籍的人交谈，可以给不认识的人发送邮件。在互联网上既可以你说我听，也可以既听又说，开辟了真正的信息双向性流动渠道。网络交往的匿名性消解了传统人际交往的"社会藩篱"（如年龄、性别、身份等），使得教育者和受教育者双方能够真正处于平等的地位。在网络思想政治教育活动中，教育方式也不再强求"说服"，而只是提供、选择和引导，在相对平等的氛围中参与活动，因而使教育更具有亲和力，体现出思想政治教育的民主性和平等性。

在网络社会中，网络受众在浏览网页、选择和吸收各种思想政治教育信息时是以受教育者的身份出现，而在参与网络各种信息的制作、发布等网络实践活动，并将自己的思想、观点、看法及信息传播出去时又可能成为教育者。因此，依托网络实施思想政治教育时，在教育者与受教育者关系上，其身份更具有融合性、教育过程更具有互动性，教育者和受教育者都能较好地发挥其主体性。

（二）教育空间的等距性与隐蔽性

世界各地的人们可以通过一根电缆把彼此连接起来，这样就失去了现实社会中人际交往看得见、摸得着的特定物理实体性或时空位置性，而仅具有功能上的实在性。互联网营造的只是一个虚拟的环境，人们在这种虚拟的环境里进行交流。每个网络用户都可以通过互联网那无所不及的触角进行联系和交流。有些人尽管在现实生活中互不认识，但是却有可能成为无话不谈的网友。有些人尽管身处地球两端，从地理位置上看相距十分遥远，但是却成为知己。这一切在互联网诞生以前难以想象，但是互联网的虚拟环境却促成了此类奇迹的发生。互联网的虚拟性，使得网络思想政治教育具有了等距性与隐蔽性共存的特点。等距性是指在过去，距离是人们交流的障碍，现在网络缩短了人们之间的距离，人们很容易将信息快速发布到网络上，将能量迅速释放扩散到全世界。网络使地理距离变得无关紧要，思想政治教育中空间因素的制约被降低到了最小限度。隐蔽性是指网络无国界、无限制，在网络上进行信息交流的人们，可以不分民族、国籍、性别、信仰等因素进行联系。网络交往上的匿名性使得思想意识更加真实，这在一定意义上也使得教育工作者更容易掌握工作对象的真实思想动态。

（三）教育时间的快捷性与恒久性

快捷性是指网络使思想政治教育速度更为快捷。信息网络是一种信息能在瞬间生成、瞬间传播、适时互动、高度共享的传播媒介。每条信息都可以经由不同的传播路径传播，信息的获取和传播可以随时随地地进行。互联网堪称目前世界上最高等级的"信息高速公路"，各种信息在这条"高速公路"上被传播、浏览、接收，其传递速度之快、传递信息之新，是电视、广播、报纸等其他传播媒体所无法比拟的。可以说，现在世界上最流行的时尚、最先进的成果、最轰动的新闻都最先出现在网上。显然，快捷的信息传递能够增强高职院校思想政治教育的时效性。恒久性是指由于网络的空间不受限制，数据库可保存曾经发布的所有信息。高职院校网络思想政治教育的内容也可以恒久地保存在网络上供大学生查阅使用，可以在网络上长期发挥思想政治教育的作用。因此，在网络上实施思想政治教育，极大地提高了思想政治教育的时效性和恒久性。

（四）教育方式的个性化与针对性

由于互联网原本就是人们基于一定的利益与需要，比如资源共享、互惠合作等目的，自觉自愿互联而形成的，教育资源和教育者对受教育者的影响主要取决于受教育者的自主选择。与传统思想政治教育的模式化和整齐划一性不同，网络思想政治教育更要求尊重受教育者的需要和兴趣，强调从受教育者的现实个性出发，有针对性地进行教育，以促进其个性的全面和谐发展。这就要求网络思想政治教育必须采取个性化的教育方式才能满足不同受教育者的个性化需求，否则将难以为受教育者所接受。网络思想政治教育使学生由被动式接受教育变为主动参与，学生能够在网上真实地表露心迹，网络使教育者了解到学生更为真实的思想动态，有利于加强思想政治教育的针对性。网络社会是一个虚拟的自由、平等的社会，人们可以敞开心扉进行交流沟通，人际心理距离缩短，各种观点和情感交流更具有真实性、直接性，这使得思想政治教育工作者能从网上了解大学生的真实思想动态，可以通过收集、整理、分析学生的网帖，与大学生进行平等的沟通交流，通过发布正确的思想教育信息来教育引导大学生，便于教育者针对学生的思想实际，因势利导，提高思想政治教育效果。

（五）教育途径的多样性与开放性

网络使思想政治教育途径更加多样化。网络语言具有声色俱全、图文并茂、声情融汇等特点，"多媒体"技术使大学生的多种感官同时感知，这种虚拟与现实相结合技术的应用，可以使大学生犹如身临其境，在形象、生动、直观的教育中思想得到升华，学习效果明显优于单一感官感知的学习效果，这是传统思想政治教育的方法和手段所无法比拟的。在传统思想政治教育中，"教育主体是教育者"，他们是思想权威，其主要职责是进行思想理论灌输。在网络思想政治教育活动中，教育方式是开放式的，不仅仅是说服，更多的是提供、选择和引导，重在民主的氛围中参与活动；同时，教育者和受教育者相互之间地位平等，因而使教育更具有亲和力，充分体现出思想政治教育的民主性和平等性。

第二节　网络文化对高职院校思政教育的影响

一、网络文化使大学生思想政治教育遭遇挑战

（一）网络文化对高职院校思想政治教育对象的影响

高职院校思想政治教育的对象既有广大教师，也有广大学生，我们在此仅就大学生而言。大学生的特点是追求新知识、有理想、积极上进、注重时尚、思想开放、个性鲜明、行为独立、富有创造性、充满好奇心。他们在网络中不是被动地接受信息，而是主动地去寻找、选择信息，他们是受教育者，也是积极的自我教育者。这些鲜明的特征对高职院校思想政治教育工作提出了更高的要求。

1. 对大学生思想形成的影响

网络文化是一种超越民族、国家界限的文化，它在给我们带来大量有益信息的同时，也带来了与人类文明和社会发展主流相悖的东西。网络文化中的庸俗、暴力甚至反动的信息严重阻碍着大学生健康思想的形成。网络上的这些垃圾信息，很容易导致入学生思想紊乱和价值观倾斜，使思想政治教育工作者长期累积的教育成果毁于一旦。

2. 对大学生心理健康的影响

网络构筑的是一个虚拟的世界。长期处于这样的环境中，缺乏与现实中老师、同学、朋友以及家人的交往与沟通，会使大学生的社会交往能力大大降低。如果社会交往能力受到影响，大学生不仅容易出现生物钟紊乱、思维迟钝、身体机能下降等生理症状，也会出现语言文字表达能力、逻辑思维判断能力和创新创造能力下降，责任意识和道德意识薄弱的问题，出现人际情感淡漠等症状，甚至出现抑郁、悲观等心理问题。

3. 对大学生人格塑造的影响

网络的虚拟性强、自由度高，大学生在其中有机会"自由释放自己"，因而容易萌生似乎完全可以不受现实生活中道德标准和社会规范的约束的意识。因沉溺于网络，一些大学生主观的自我和客观的自我严重不统一，出现人格分裂。

（二）网络文化对传统教育模式的冲击

思想政治教育是针对性很强、共性个性交融的教育，需要针对不同的对象、根据不同的问题，采用不同的教育方法。不可否认，传统的思想教育方式，包括理论灌输、社会实践、榜样激励、直面谈心以及社会、高职院校、家庭的联动，都在高职院校思想政治教育中发挥了积极作用。随着网络文化的迅猛发展，大学生受网络传媒的影响越来越大，网络为大学生所创造的全新的、广阔的文化空间，极大地激发了大学生求知、求新的欲望，大学生从网络上获取信息的能力也得到了一定程度的提高。如何抓住大学生的心理特点，在网络文化背景下有的放矢地进行启发式教育、引导式教育，是我们需要探究的新问题。虽然目前高职院校思想政治教育工作方式已有了一些新变化，但不少高职院校思想政治教育的主要形式还是念文件、读报刊、听大课等，有效信息的传播速度慢，受众面窄，教育效果也不尽如人意。同时，这种传统的思想政治教育模式重在说教，我讲你听，我疏你通，在重视教师主导地位的同时，常常忽略大学生主体作用的发挥及大学生内在的精神需求，忽略人与人之间的心灵沟通和感情交流。

总之，网络为部分大学生宣泄欲望和情绪提供了方便，同时也弱化了大学生内在的自我约束机制。网络容易滋生和诱发无政府主义和极端自由化情绪，也可能导致大学生生活态度的消极颓废，导致他们丧失对现实生活的信心。这些网络问题的存在，加大了大学生思想政治教育工作的难度，削弱了传统思想政治教育的功能与效果，妨碍了思想政治工作组织作用的发挥，使思想政治工作的过程更加复杂和曲折。

二、网络文化给大学生思想政治教育带来的机遇

以网络技术广泛应用为主要标志的信息时代文化，推动了思想政治教育的创新。网络既带来了教育手段的现代化，更带来了教育观念和内容的现代化。要增强大学生思想政治教育工作的针对性、实效性，就必须与时俱进，认真研究在现代化条件下大学生思想政治教育同网络相结合出现的新情况、新特点，充分认识网络技术在教育领域中的运用对大学生思想政治教育在管理、形式、内容、方法、手段乃至教育主客体、教育的价值观等方面带来的全方位的变化和全新的拓展。

（一）网络文化丰富了思想政治教育的内容

在高度文明的信息社会里，借助信息网络技术，人类认识和实践活动的范围得到了前所未有的拓展，人类文化活动获得了无限广阔的新空间。网络时代人们在信

息面前是平等的，没有高低贵贱之分。这使得人们接受教育的机会和途径越来越广，传统的教育意识与教育观念必然要被新兴的文化理念所更新，师生的角色会重新定位，学习的内容、方法、途径和师生交流的方式都将随着网络的发展而不知不觉地改变。在教育领域中，网络文化促进了教育的变革与发展。信息教育体现了开放的教育理念，即教育将不只是向学生传授知识和技能，还要让学生学会获取知识的方法，能够通过网络捕获信息，分析、加工并处理信息，增强创造和开拓的能力。

在网络中，思想政治教育内容具有如下特点：多媒体技术使教育内容的形态从平面化走向立体化，由静态变为动态，从现实时空趋向超时空；网络的超大信息量，使教育内容变得丰富而全面，并且具有客观性和可选择性；极高的文化与科技含量，将教育内容的政治性本质隐含在历史文化知识和现代科技信息之中。网络技术的发展、人类社会的网络化必然会充实高职院校思想政治教育的内容。各种积极的或消极的、先进的或落后的、健康的或颓废的信息均可在网上传输，并已超越了地区和国家的界限，思想政治教育内容更加多样化。

网络能为高职院校提供丰富的思想政治工作信息。思想政治工作重在有针对性和时效性，其关键在于正确信息的快速收集、传递和使用。开展思想政治工作的过程，就是信息的获取、选择和传播的过程，就是用丰富、正确、生动的信息影响大学生思想观念和精神状态的过程。尤其在信息网络时代，信息就是思想政治工作的生命线。在学生的思想变化随着社会变化节奏加快的情况下，快速掌握各种信息，发现学生思想变化的端倪，未雨绸缪，将学生的思想问题解决在萌芽状态，这是互联网赋予德育工作的巨大效能。

（二）网络技术提升了思想政治教育活动的实效性

网络作为一种媒介，是沟通学生、教师和社会的桥梁。越来越多的高职院校建设开通了校园网，用这种特殊的方式将学生、高职院校和社会联系在一起。网络使得师生之间的双向交流变得更加真实和容易，在这种交流中，交流双方往往能够坦率地吐露心声，倾诉真实思想与情感；在这种交流中，思想政治教育工作者可以对大学生的思想状况进行综合分析，准确地把握学生的思想脉搏，对其中的不良倾向、偏激观点有针对性地加以引导，全面提高思想政治教育的针对性和实效性。大学生平常不敢说、不能说的话题、意见和想法等，一般都可以在网上一吐为快。教育者也可以以相对隐匿的身份来参与，倾听学生的声音，感受学生的内心，及时从中发现问题，纠正学生的偏激观点、思想上的不良倾向等，从而使教育更加深入人心。

网络改变了以往一对一、面对面的交流和沟通模式，使教育者能以较少的投入，凭借现代化的手段，迅速准确地了解大学生的思想政治状况以及实际需要，做出有针对性的思想教育和引导。同时，网络中的深层次交流，有利于学生的价值内化，而非表面、一时的服从。因此，网络作为一种新的思想政治教育途径，有利于教育者与受教育者的沟通，有利于提高思想政治教育的实效。

网络还为受教育者主体性的充分发挥提供了合适的空间。信息高速公路使得学生可以在任何一个终端随时获取所需要的信息，这种快速和便捷是传统教育难以企及的。学生们不必再按照传统方式在规定时间和场所接受教育，而是能通过网络主动选择他们所喜爱的教育者和他们所感兴趣的话题。网络可以使受教育者与教育者建立双向互动的联系，既可以使教育者针对受教育者的个性特点因材施教，又可以使教育者与受教育者形成协同互动的学习模式。教育者与受教育者能在教育过程中平等、民主、自然地交流和讨论，能够进行广泛而深入的探讨，这无疑将大大改善思想政治工作中教育者与受教育者之间的关系，更好地发挥高职院校思想政治教育过程中的自我教育与互相教育的作用，从而提高思想政治教育工作的实效性。

（三）网络文化增强了思想政治教育工作的针对性

在传统的思想政治教育工作中，我们很难及时地对教育效果进行评估，很难了解大学生真实的思想状况。往往高职院校和教师投入很多，取得的效果却不理想。而在一些突发性事件中，等学生出现问题我们再去追寻其思想根源、情绪变化，已为时太晚。存在这种状况的重要原因就在于大学生内在的真实的思想状况相对隐蔽，性格、气质又千差万别，而思想政治教育工作者没有一个合适的途径去了解学生的真实状况、内心世界，很难预先把握他们的思想变化。

在网络文化环境下，大学生常常可以无所顾忌、毫无保留地表达自己的观点，发泄自己的情绪。在校园 BBS 上，大学生常常就校园生活话题进行热烈的讨论，表达真实的看法，而对于高职院校组织的各种各样的网络热点话题讨论，学生们也乐于参与。这样，过去那种学生真实思想状态较为隐蔽的状况就得到了改变，便于思想政治教育工作者及时了解教育效果，并从中把握学生的心理变化与思想变化，及时做出反应。

高职院校思想政治教育工作者应该对网络这种直观而快捷的平台予以高度重视，并把它作为了解和掌握大学生思想状态的重要窗口，更新观念，创新方法，提升教育效果。教育者要主动地加强对大学生在网络文化平台上所表达的各种信息的收集、整理、分析、判断，提炼有价值的信息，更好地对大学生进行心理辅导、行为矫正等，提高思想政治教育的引导性。

（四）网络文化增强了思想政治教育工作者的亲和力

传统的思想政治教育通常采用在教室、办公室或者心理咨询室，与学生面对面交流的方式进行。这种方式能够相对清楚地了解学生的所思所想，但是，由于教育空间相对狭小，时间受到限制，效果也就大打折扣。在网络文化背景下，思想政治教育与网络实现了结合，获得了新的认知工具、交流工具，无形中也提高了思想政治工作的效果，赋予了思想政治工作新的活力。

互联网可以说是目前世界上最高等级的"高速公路"，这条"路"上不仅"车"多，而且"车速"飞快，各种信息在这条"路"上被传播、被浏览、被吸收。网上信息交流的快捷性，大大增强了思想政治教育工作的时效性。通过网络，我们可以开设论坛，及时疏导大学生遇到的各种问题；通过网络，我们可以开设专栏，解答大学生普遍关心的热点问题；通过网络，我们可以自由讨论，引导大学生明辨是非；等等。总之，各种贴近大学生心理和实际需要的方式和内容，在满足大学生开阔视野、寻求知识要求的同时，也提高他们的综合素质，实现了思想政治教育的目标。

在传统的思想政治教育实践中，由于信息资源分散且传播速度慢，教育往往集中在同一地点、同一时间，而且教育内容也往往整齐划一，削弱了高职院校思想政治教育的影响力。而全天候开放的网络环境，打破了原有的时空界限，使旧有的相对固定的教育场所变成了全方位的、开放的、立体式的。从某种意义上说，网络空间有多大，思想政治教育的空间就有多大。网络能克服传统教育影响面较小的不足，高职院校的"围墙"概念将消失，高职院校教育的"一言堂"局面也将被打破。

网络信息的开放性和资源的共享性，还拓宽了思想政治教育的空间，网络信息的生动性和直观性也使得思想政治工作更具形象性和趣味性。网络信息的互动性也使得大学生更加主动地接受信息，教育者能更及时地了解大学生的思想动态，缩短了教育者与受教育者之间的距离，提高了思想政治教育的时效性。

网络文化的发展扩大了思想政治教育的覆盖面，使得思想政治教育无论在内容上还是在形式上，都更加贴近大学生的思想实际。在网络上，大学生可以通过自由选择和自主交流，迅速了解国内外正在发生的政治、经济、文化等各方面的情况，在比较和鉴别中提高自身的认识水平和识别能力。自然，思想政治教育潜移默化的作用也就在其中了。总之，网络文化使思想政治教育空间由狭小到开阔，教育内容由局限到无限，教育手段由单调到丰富，思想政治教育工作者更具亲和力，工作的针对性和实效性也大大增强了。

第三节 社会主义核心价值体系网络教育研究

一、大学生社会主义核心价值体系网络教育的重要意义

（一）扩大大学生社会主义核心价值体系教育范围的需要

对大学生进行社会主义核心价值体系教育是一项系统工程，要求高职院校将社会主义核心价值体系融入高职院校教育教学各环节，融入大学生学习生活各方面。长期以来，高职院校主要通过课堂教学的方式开展教育，由于这种教育一般是在特定的时间、地点，由特定的教育者面对特定的学生群体开展，受到时空、师资和设施等条件的限制，其受教育面是有限的，往往在一定程度上存在着大学生缺位的情况。随着网络社会的深入发展，大学生生活逐步网络化，绝大多数大学生经常活跃于网络空间，使得高职院校传统的教育方式与方法鞭长莫及，已难以满足广泛开展大学生社会主义核心价值体系教育的需要。

网络具有跨时空、便捷性、低成本等特点，利用网络的这些特点开展大学生社会主义核心价值体系教育，可以极大拓展大学生社会主义核心价值体系教育的范围。首先，利用网络开展大学生社会主义核心价值体系教育打破了地点的限制。互联网是没有边界的，从一定意义上来说，世界有多大，它就有多大，只要提供与互联网相连的终端电脑、手机等，都可以进入互联网这个空间。其次，利用网络开展大学生社会主义核心价值体系教育打破了时间的限制。互联网的传播与以往任何传播都不一样，它不再是通过原子传播，而是通过比特传播，不仅传播速度很快，而且不受时间限制。再次，利用网络开展大学生社会主义核心价值体系教育打破了学习方式的限制。学习方式与学习兴趣是密切关联的，不同学习兴趣的人会选择不同的学习方式。互联网不仅有强大的信息存储功能，也有便捷的信息复制下载功能，还可以与多媒体联姻，为大学生提供了更多的学习方式的选择。

（二）提升大学生社会主义核心价值体系教育效果的需要

对大学生进行社会主义核心价值体系教育，其根本目的是使大学生逐渐将社会主义核心价值体系内化为自身的思想观念，并以之指导自己的行为活动。然而，社

会主义核心价值体系的特点和当代大学生的特点决定了这是一个逐步深入、曲折发展的过程。首先，从社会主义核心价值体系的内容来看，社会主义核心价值体系是一个既包含政治意识形态，又包含思想观念、价值取向和道德操守在内的，逻辑严谨、层次分明的价值体系，具有鲜明的理论性、抽象性等特点，如果教育方法不得当，容易使人感到枯燥、乏味。因此，社会主义核心价值体系教育必须将理论与实践有机结合起来，是一个"实践—理论—实践"的过程。其次，从大学生网民的特点来看，进入网络时代，大学生的自我意识、创新意识不断增强，价值取向逐渐趋于理性，但其思想、心理尚未成熟，如果教育方法不得当，将导致大学生的抵触和逆反心理。有效的教育方法对于教育对象必须具有适应性，因此，对大学生开展社会主义核心价值体系教育必须结合大学生网民的特点，调动其参与教育活动的积极性与创造性。但是，长期以来，传统的自上而下、单向灌输的教育方式，忽视了大学生主体作用，脱离了大学生的现实生活，缺乏层次性和针对性，难以满足深入开展大学生社会主义核心价值体系教育的需要。

网络具有互动性、开放性、隐匿性等特点，利用互联网的优势开展大学生社会主义核心价值体系教育，可以极大提升大学生社会主义核心价值体系教育的效果。利用网络开展社会主义核心价值体系教育可以使大学生更好地融入网络生活，还可以更好地发挥大学生网民的主体性作用，满足不同层次大学生网民的需要。

（三）引导大学网络思想政治教育深入发展的需要

社会主义核心价值体系是社会主义意识形态的本质，是社会主义制度的内在精神和生命之魂，是思想政治教育工作的根本指针和重要任务。大学生网络思想政治教育是高职院校思想政治教育工作的重要组成部分，因此，社会主义核心价值体系决定了大学生网络思想政治教育的目标导向，也是大学生网络思想政治教育的核心内容，同时，它还是检验大学生网络思想政治教育成效的重要标尺。加强大学生社会主义核心价值体系网络教育，是高职院校深入开展社会主义核心价值体系建设的要求，也是引导大学生网络思想政治教育深入发展的需要。我们可根据社会主义核心价值体系在大学生网络思想政治教育中的地位来进行具体分析。

二、加强大学生社会主义核心价值体系网络教育的对策讨论

（一）把握正确的教育原则

开展大学生社会主义核心价值体系网络教育，必须遵循一定的原则，这些原则

是由社会主义核心价值体系的特征、网络教育的特征和大学生的特点决定的。具体来讲，加强大学生社会主义核心价值体系网络教育，应把握系统性与层次性相结合、理论性与实践性相结合、主导性与多元性相结合、网上教育与网下教育相结合等原则。

1. 系统性与层次性相结合的原则

系统性主要强调社会主义核心价值体系作为一个含有四个层次内容的理论体系是一个有机整体，在教育过程中要注重整体推进，缺一不可。层次性主要强调社会主义核心价值体系各方面内容具有不同的地位和特点，在教育过程中要注意体现差别，选择不同的教育方法。系统性和层次性是社会主义核心价值体系的重要特征。在大学生社会主义核心价值体系网络教育过程中，要将系统性和层次性结合起来。

2. 理论性与实践性相结合的原则

理论性强调的是社会主义核心价值体系作为科学的世界观和方法论，具有无穷的理论魅力，要坚持以马克思主义理论教育学生，武装其头脑，帮助大学生网民提升理论素养和思维能力。实践性强调的是社会主义核心价值体系具有实践性的特征，要注重结合大学生网民生活实践进行教育。理论性和实践性是社会主义核心价值体系的重要特征。在大学生社会主义核心价值体系网络教育过程中，要将理论性和实践性结合起来。

3. 主导性与多元性相结合的原则

开展大学生社会主义核心价值体系网络教育脱离大学生的网络生活是不行的，只有将大学生社会主义核心价值体系网络教育与大学生的网络生活内容有机结合起来，才能收到好的效果。因此，这里的多元性是大学生网络生活内容的多元化，主导性是指大学生社会主义核心价值体系在大学生网络生活中起引导、主导作用。主导性和多元性是相互依赖，互为存在的前提。在开展大学生社会主义核心价值体系网络教育过程中，要将主导性与多元性结合起来。

4. 网上教育与网下教育相结合的原则

大学生网民身处于网络虚拟社会和现实物理社会这一双重环境中，其思想价值观念也具有虚拟性和实践性的特点，但归根到底来自现实生活。大学生社会主义核心价值体系网络教育离不开传统思想政治教育的支持，大学生网民的诸多思想价值观念问题终需在现实生活中解决。因此，大学生社会主义核心价值体系网络教育需要将"网上"教育与"网下"教育紧密结合起来，创建一种网上网下联动，全时关注、全程覆盖的思想政治教育新格局。这主要是因为：首先，大学生网民能否树立自律意识，提高对信息的甄别选择能力等，取决于平时所接受的网下教育和取得的经验。其次，网络对大学生网民造成的负面影响，大量的工作还要通过网下来解决。最后，对于一些重大的热点和难点问题以及深层次的理论问题，在网上往往很难说清说透，需要有针对性地开展面对面的教育和引导；网上反映出的涉及平时学习、工作和生活中的实际问题和困难，要靠我们在实际工作中认真地一个个地去研究解决。

（二）确立科学的实现路径

开展大学生社会主义核心价值体系网络教育，实质上是社会主义核心价值体系内容通过网络媒介对大学生网民产生作用的过程。社会主义核心价值体系内容、网络媒介、大学生网民等要素之间不同的组合和作用方式，构成了大学生社会主义核心价值体系网络教育的不同实现路径。在过去的实践中，人们主要从网络技术的角度考虑大学生社会主义核心价值体系网络教育问题，对于社会主义核心价值体系内容本身以及大学生网民等要素的重视不够，使其实现路径构建存在着很大缺陷。大学生社会主义核心价值体系网络教育，其目标的实现离不开各组成要素功能的发挥。因此，我们应重新审视社会主义核心价值体系内容、网络媒介、大学生网民等要素在教育过程中的地位问题，从不同的视角去构建大学生社会主义核心价值体系网络教育的有效路径，最大限度地发挥它们作为核心要素在教育过程中的应有作用。

（三）构建完善的运行机制

开展大学生社会主义核心价值体系网络教育需要建立起相应的机制。这一机制是指在大学生社会主义核心价值体系网络教育过程中各构成要素按一定的组合方式而形成的运行方式。大学生社会主义核心价值体系网络教育的机制主要包括主导、管理、保障、评估机制。

1. 大学生社会主义核心价值体系网络教育的主导机制

高职院校党委是高职院校教育、管理工作的领导核心，在大学生社会主义核心价值体系网络教育实践中，应发挥主导作用。①明确发展目标。要把大学生网络思想政治教育的长期目标和阶段目标结合起来，并根据发展目标，制订在大学生网民中开展社会主义核心价值体系教育的发展规划。②明确责任主体。明确责任主体是完成该项任务的关键所在。高职院校应该明确各职能部门、教学单位、群团组织在这项工作中的责任，充分发挥他们在开展社会主义核心价值体系网络教育中的协调指导作用。③制定相关政策。高职院校要制定和完善相关的政策，通过政策进一步加快大学生网络思想政治教育发展的步伐，更好地调动广大网络思想政治教育者投身实践和相关研究的积极性，形成理论和实践相结合的创新体系。④整合社会资源。大学生社会主义核心价值体系网络教育是一个社会性的系统工程，需要借助社会力量，利用各方资源，营造良好环境，形成社会各界关注、全体教育者参与、全体大学生网民响应的良好局面。

2. 大学生社会主义核心价值体系网络教育的管理机制

高职院校作为大学生网络思想政治教育的主体力量，既要有符合实际的关于加强大学生核心价值体系网络教育的规章制度，又要有加强管理的具体要求。面对新形势和新要求，高职院校要积极探索相应的管理机制：一是建立沟通联系机制；二是建立工作规范；三是完善相关制度。教育主管部门应从网络时代价值观教育的规律和大学生网络思想发展特点及其需要出发，将大学生社会主义核心价值体系网络教育纳入教育规划和工作要点，使之成为高职院校开展该项工作的重要政策依据。高职院校则应进一步出台相关工作制度，使大学生社会主义核心价值体系网络教育有据可依，有章可循。

3. 大学生社会主义核心价值体系网络教育的保障机制

建立大学生社会主义核心价值体系网络教育的保障机制应从以下几方面着手：一要加大对大学生社会主义核心价值体系网络教育的经费投入，提供经费保障。教育行政部门和高职院校要合理确定大学生核心价值体系建设方面的经费投入科目，列入预算，确保各项工作顺利开展。二要加大对大学生社会主义核心价值体系网络教育队伍的扶持力度，提供人力保障。三要加强对大学生社会主义核心价值体系网络教育的技术支持，确保网络信息安全。高职院校应加大网络基础设施建设，提供良好的网络服务，使大学生能够更方便地上网获取信息、接受思想政治教育；同时，还要加强网络技术监督，及时过滤反动信息、不良信息，为建设绿色校园网络提供强大的技术保障。

4. 大学生社会主义核心价值体系网络教育的评估机制

建立大学生社会主义核心价值体系网络教育的评估机制应从以下几方面着手：一方面要加强对高职院校各有关部门的监督工作。高职院校要对相关部门开展的社会主义核心价值体系网络教育工作进行督查，督促各相关部门制订社会主义核心价值体系网络教育工作计划，开展以社会主义核心价值体系教育为主题的各类网络教育活动，追踪检查工作计划和各类教育活动实施状况，并及时给各部门提出可行性的工作建议。另一方面，高职院校还要对大学生网民的思想状况、网络行为以及日常行为情况进行考察，评估大学生社会主义核心价值体系网络教育取得的最终成效。

第四节　基于网络环境下高职院校德育重塑

一、网络环境的德育功能

（一）网络环境对人的社会化的积极作用

社会化是社会将一个自然人转化成为一个能够适应一定社会文化，参与社会生活，履行一定社会角色行为的社会人的过程；也是一个自然人在一定的社会环境中与他人的接触和互动，逐渐认识自我，并成为一个合格的社会成员的过程。人的社会化过程，外界环境的影响是极其重要的，家庭、高职院校、同龄群体、工作单位、大众传媒等，都是这种环境的组成部分。网络环境出现后，也成为实现人的社会化的环境的组成部分之一，而且随着越来越多的人上网，其对人的社会化的影响也越来越大。

（二）网络环境对人的现代化的促进作用

人的现代化主要是指人的素质的现代化，即人的思想观念、道德品质、知识技能等要符合并适应现代化建设的要求。人的现代化是社会现代化的核心问题，社会现代化最终取决于人的现代化。网络环境作为高职院校德育重要的外部条件，对人的现代化的促进作用是显而易见的。网络环境能促使人们消除传统思想观念的影响，树立现代思想意识，形成与社会主义现代化相一致的思想观念。此外，网络环境可以开发人的智能潜力，促进与现代化相一致的智能结构的形成。网络环境还能适应人的现代化的要求，丰富和提高人们的精神生活。丰富和提高人们的精神生活是人的现代化的题中应有之义。

（三）网络环境对人的全面发展的推动作用

"每个人自由而全面地发展"被马克思看作是未来社会的基本特征之一，也是我们世世代代奋斗的目标。完整准确地理解马克思的人的全面发展学说，对于我们从人类历史发展的高度来看待高职院校德育网络环境的功能具有重要的意义。网络环境有利于人们解放思想，更新观念，提高素质。网络环境的形成和发展，为我们拓宽视野，更好地了解世界，吸纳优秀的人类文化遗产，以宽广的眼光看待中国和世界的发展提供了极大的便利。所以，在网络环境中开展思想政治教育工作，可以有效地提高人的思想道德素质，而人的思想道德素质的提高，是人的全面发展的核心内容。

二、基于网络环境下高职院校德育内容体系构建

（一）构建高职院校德育内容体系的原则

网络环境下高职院校德育内容的构建，需要遵循导向性原则、针对性原则、系统性原则和发展性原则等。

1. 导向性原则

所谓导向性原则，是指在构建德育内容时必须体现其政治性和思想性。具体说来，就是要坚持社会主义方向，始终坚持马克思主义理论在各项内容中的指导地位，用科学的、正确的、健康的思想对大学生进行引导。因为我国高职院校的德育目标是培养大学生成为中国特色社会主义事业的接班人和建设者，因此，高职院校德育内容的构建必须体现出鲜明的社会主义方向性，这既是传统德育的基本要求，也是网络环境下构建高职院校德育内容的基本要求。如果任由资本主义的思想、政治、价值观念侵入我国的网域和网站，就会对大学生的思想道德素质造成严重的负面影响，就有可能使他们迷失正确的方向，我们培养社会主义接班人和建设者的任务和目标就会落空。所以，构建德育内容时必须坚持政治性和思想性，对大学生进行正确的政治观教育、科学的世界观与人生观教育以及网络伦理和网络心理教育，以提高他们的政治觉悟、认知能力、道德水平和心理素质，增强他们对负面信息污染的免疫能力，从而有效地抵御西方敌对势力的网络渗透与侵害。

2. 针对性原则

针对性原则并非被动的原则，而是主动的原则，是指从德育目标和大学生的特点、思想实际需要出发，确定高职院校德育的内容。它不是消极地、被动地迎合学生的需要，不是不做分析地认为"学生需要什么就给什么"，而是积极主动地适应和引导学生的需要。面对信息网络化、经济全球化等诸多的挑战，大学生受到的冲击和影响越来越大，他们的思考和疑问日益增多，如"马克思主义是否过时？""网络社会是否是绝对自由的虚拟社会？""网络需要伦理道德吗？"等等。对此，构建网络环境下高职院校德育内容时，只有贴近大学生的思想实际、贴近时代、贴近生活，不断调整、充实和丰富教育的内容，才能做到对症下药、有的放矢，收到良好的效果。

3.系统性原则

所谓系统性原则，是指在确定网络环境下高职院校德育内容时，既要考虑它本身是德育系统的一个组成部分，又要考虑到它也是一个多要素构成的系统。网络环境下高职院校德育内容不是孤立的，它既从属于现实德育系统，又是对现实德育内容的补充，所以，在对大学生进行思想道德教育时，要注意保持网上与网下德育内容的紧密结合，以保持对大学生的影响和引导的一致性与连贯性。另外，还需要从网络环境下高职院校德育内容体系本身出发，结合网络环境的特点和大学生的实际需要，有选择、有重点地安排教育内容。

4.发展性原则

所谓发展性原则，是指在构建网络环境下高职院校德育内容时，要根据时代发展的需要和理论建设的最新成果，及时地更新、增加内容。马克思主义理论教育是高职院校德育的重点内容，而马克思主义的一般性内容不是永恒不变的教条，其中有些内容会随着时间的推移和社会条件的变化而获得发展。因此，德育工作者要有敏锐的眼光和敏感的政治嗅觉，及时把握和了解国内外对马克思主义发展的最新成果，以便将最新的教育内容传播给大学生。除此，还需增加与网络时代发展相适应的内容，如网络交往文明教育、网络生态文明教育、自主创新教育和国际化教育等。这样才能更好地满足大学生思想发展、成长成才的需要。

（二）网络环境下高职院校德育的内容要素构成

1.网络思想教育

网络思想教育的核心内容就是用马列主义、毛泽东思想、邓小平理论、"三个代表"、科学发展观、习近平新时代中国特色社会主义思想来武装大学生的头脑，指导他们树立起正确的世界观、人生观和价值观。社会主义核心价值体系集中体现了社会主义意识形态的性质和方向，是社会主义思想道德建设的理论基础，是激励全民族包括大学生在内奋发向上的精神力量。因此，当前价值观教育的重点是让大学生深入理解社会主义核心价值观的科学内涵和重要意义，使他们将社会主义核心价值体系作为自己的价值诉求，并用其指导思想和行动。

2.网络道德教育

所谓网络道德，就是信息时代人们通过网络发生的，调节网络环境下人与人、人与社会的行为规范和准则。网络道德是在网络环境下产生和存在的，虽然与传统道德同属于道德规范体系，但由于网络空间的虚拟性，人们的生活方式、人际交往方式都发生了明显的变化，这些因素必然决定了网络道德在很多方面具有自身的特点。

网络道德教育的内容，是要适应社会和人们的发展需求，要依据道德教育的对象的本身情况而确定的。它不仅是道德教育特征的反映，更是道德教育在网络环境下取得实效性，实现道德教育目标的重要保证。

三、高职院校网络德育环境的建设与优化

（一）优化高职院校网络环境的原则

1. 教育性原则

教育性原则是指在构建与优化高职院校德育网络环境时的各项环节、各项工作都要具有教育性。网络环境是一种特殊的思想政治教育环境，其对受教育者的影响具有两重性，即积极与消极并存。网络环境中的各种因素都可能对大学生的精神世界产生潜移默化的影响。因而，构建与优化高职院校德育网络环境，必须考虑它的教育意义和感化、净化意义。

教育性原则要求教育者在网络环境的优化过程中，一方面要充分发挥其积极影响，在利用网络资源时充分挖掘其教育功能，激发受教育者的进取心，调动他们的积极性和创造性；另一方面要重视法制建设，通过各项规范约束和限制一些受教育者偏离高职院校德育目标的行为；除此，还要正确认识网络环境对受教育者的思想道德的消极影响，积极研究对策，采取有效措施，把负面影响降到最低，增强受教育者的免疫力，保持教育影响的一致性。

2. "人本"原则

这里的"人本"原则主要是指以学生为本的原则，即在德育环境的构建与优化过程中，本着一切围绕学生、一切为了学生、一切适应学生的出发点，对高职院校德育环境的各种有效因素进行优化、重组和建设。网络环境中高职院校德育的对象是实实在在的人，他们不是简单的"符号人"，网络也不是简单的、纯粹的机器，因此，构建与优化德育网络环境应符合人的特性，体现"以人为本"的原则，要遵循学生身心发展的特点和德育规律，努力创造或选择有利的网络环境因素，避开或排除有害的网络环境因素。

3. 创造性原则

创造性原则是指教育者在总结原有经验的基础上，不断改进，探索新的经验和

先进理论。坚持创造性原则，就是要把握网络环境对受教育者的思想政治品德影响的规律，并遵循这一规律来营造育人环境。这就要求高职院校德育工作者要有胆识，充满活力，富有创新精神；要充分重视网络环境对受教育者思想品德的各种影响，客观地实事求是地进行分析，善于总结，勇于突破，要使开放思想和创新意识成为教育者和受教育者双方共同的价值取向和自觉行动，营造良好的高职院校德育网络环境。

4. 主动性原则

主动性原则即以积极的姿态和行动投入到网络环境的建设中，做到"三个主动"：其一，主动占领高职院校网络思想阵地，坚持和巩固马克思主义在高职院校的指导地位，从思想上筑起抵御西方国家"西化""分化"，以及防止资产阶级腐朽文化侵袭的钢铁长城；其二，主动占领高职院校网络舆论阵地，坚持用正确的舆论引导人，广泛开展理想信念教育，引导广大学生牢固地树立起正确的世界观、人生观和价值观；其三，主动占领高职院校网络时空阵地，多侧面、多视角地对大学生的学习和生活进行思想政治教育，增强网络思想政治教育的活力，提高学生对网上信息分析、辨别、选择的能力，明辨信息真伪、是非和价值，增强免疫力，从而达到提高大学生思想政治教育的实效，优化高职院校网络思想政治教育环境的目的。

5. 趋利避害原则

趋利避害原则是指积极创造或选择有利的网络环境因素，避开或排除有害的网络环境因素。网络环境有良性和恶性之分，良性环境对人们思想道德的形成具有促进和陶冶作用，恶性环境则会对德育工作和受教育者产生恶劣的影响。在网络环境下，趋利避害是个人发展和开展德育活动的共同要求，也是优化网络环境的要求。为此，我们要确立"有利""有害"的标准，然后根据标准对网络环境进行整治、清理，兴利除害，净化网络空间。

（二）建设和优化高职院校网络德育环境的途径

1. 加强高职院校校园网的建设

加强校园网建设是高职院校网络环境建设与优化的重要举措之一。校园网指校园内计算机及其附属设备互联运行的网络，是由计算机、网络技术设备和软件等构成的为高职院校教育教学和管理服务的集成应用系统，并可通过与广域网的互联实现远距离信息交流和资源共享。校园网应为高职院校的教学、管理、日常办公、内外交流、学生学习等各方面提供全面、切实的支持，应具备教师备课教学功能、学生学习功能、教务管理功能、行政管理功能、教育设备（图书）管理功能、资源信息功能、内外交流功能等。建设校园网络是教育信息化的根本途径，丰富多彩、健康现代的校园网络，将成为高职院校培养具有良好道德品质、全面发展的高素质人才的崭新平台，因此，校园网的建设对于高职院校德育也具有重要的意义。目前，我国高职院校已普遍建立了自己的校园网，但因一些问题影响了它的效果，亟须进一步改进和完善。

2. 加强校园网络团队的建设

加紧网络队伍建设，是高职院校网络德育环境建设的关键。因为建设一支高素质、德才兼备的高职院校网络德育队伍，不断提高他们的思想素质、道德素质和信息素质，是适应网络时代和优化高职院校网络德育环境的迫切要求。当前，高职院校网络思想政治工作队伍中，既缺乏思想政治教育的行家，又缺少运用网络技术的专家，大部分德育工作者在网络思想道德教育中都表现为网络基本知识和技术匮乏。由于高职院校网络德育工作者业务素质普遍不高，故导致高职院校网络德育的优势难以充分发挥出来，使网络思想政治教育的力度不够、针对性不强，进而直接影响高职院校网络思想政治教育环境建设的效果。因此，建设高素质、德才兼备的高职院校网络思想政治教育队伍刻不容缓。

3. 优化网络信息传播的模式

随着互联网的迅猛发展，网络信息传播得到了飞速发展。作为一种全新的现代化传播方式，网络信息传播给我们的时代提供了最快捷、便利的传播方式。网络作为信息传播的一种新媒介，不仅对信息文化的发展产生了重大的影响，而且对整个社会的发展也产生了巨大的影响。

网络作为一种新型媒体，相对于传统的媒体，构造了一个虚拟的社会信息交流空间。在这个虚拟空间里，任何人都可以以任何虚拟的身份与他人进行实时、互动的信息交流，既是信息的生产者、发布者，又是信息的受众，因此，网络信息传播相对于传统媒体要自由得多，但也加剧了社会"共识"形成的难度。

第四章 高职院校思政文化育人实践

第一节 精心打造思政课堂

一、高职院校开设思想政治课的价值

（一）高职院校开设思想政治课的主要目的

大学生思想政治教育是指社会或社会群体用一定的思想观念、政治观点、道德规范，对大学生施加有目的、有计划、有组织的影响，使他们养成符合一定社会所要求的思想品德的社会实践活动。高职院校的思想政治工作既要坚定政治立场，也要深刻把握社会环境的变化，创新方式方法，以保证高职院校的思想政治工作更顺应时代、更接地气、更有成效。思想政治理论课是对大学生进行思想政治教育的主渠道，是高职院校开展思想政治工作的重要平台。

培养社会主义合格建设者和可靠接班人是我国大学生思想政治教育的总体指向。新时期大学生思想政治教育应以社会主义核心价值体系为指导，以"有理想信念、有核心价值、有中国精神、有能力素养"为主要内容，全面彰显时代内涵，体现时代特点。

（二）高职院校思想政治课的主要任务

在社会主义核心价值体系指导下，大学生思想政治教育的"主要任务"可以凝练为"核心（理想信念）""重点（精神状态）""基础（道德规范）""目标（全面发展）"，四个层次相互融合、相互作用。[1]具体而言，以理想信念为核心，旨在深入进行大学生世界观、人生观、价值观的培育；以爱国主义教育为重点，旨在培育民族精神；以基本道德规范为基础，旨在深入进行公民道德教育；以大学生全面发展为目标，旨在深入开展素质教育。21世纪以来，我国经济社会发生了深刻的变化，大学生思想政治教育的理论和实践面临着新形势和新问题，这就要求思想

---

[1] 宋雪霞. 大学生思想政治教育的任务构成及模型分析 [J]. 福州大学学报（哲学社会科学版），2012，26（06）：136-139.

政治教育工作者坚持与时俱进，以科学发展的态度坚持和发展马克思主义，赋予大学生思想政治教育内容以时代特征，增强思想政治教育的时代性、现实性和针对性。

（三）高职院校思想政治课的作用

1. 高职院校思想政治课与精神文明建设

高职院校思想政治课与精神文明建设是中国特色社会主义建设的重要内容。一方面，高职院校的思想政治课是系统地对学生进行马列主义理论教育和品德教育的主渠道，是高职院校宣传思想工作开展的主渠道。通过思想政治课的学习，引导大学生认清中国特色社会主义理论的历史地位和伟大意义，掌握该理论的科学体系和精神实质，增强学生社会责任感、创新精神和实践能力。另一方面，精神文明建设通过思想道德建设和教育科学文化建设，全面提高人民群众的思想道德素质和科学文化素质，为思想政治理论建设提供了契机。教书育人、管理育人、服务育人是高职院校育人工作中的三个重要组成部分，也是高职院校全方位、全程、全面育人的一项系统工程，思想政治理论课与精神文明建设相融共通，共同为社会主义现代化建设提供智力支持。

2. 高职院校思想政治课与物质文明建设

经济基础决定上层建筑。思想政治课建设需依托于物质技术的进步，而物质文明的进步也需要思想政治课的支撑。做好大学生人才培养工作，提高大学生的素质，是高职院校培育"四有"大学生的重要举措。改革开放以来，过分崇拜物质造成了思想政治工作薄弱，拜金主义、享乐主义抬头等一系列问题，这些教训需引起高职院校的高度重视。在思想政治教育的过程中，需要针对目标任务采取切实得力的措施，注重调动大学生的积极性、主动性、创造性，引导其以扎实的专业技术致力于社会主义现代化建设。

3. 高职院校思想政治课与政治文明建设

政治文明指人类社会政治生活的进步状态和政治发展取得的成果，主要包括两个层面的内容。一是政治制度层面，主要表现为由于经济基础和阶级力量对比的变化所引起的国家管理形式、结构形式的进化发展，即政体或国体、政体范围内的政治体制、机制等方面发展变化的成果。二是政治观念层面，主要表现为政治价值观、政治信念和政治情感的更新变化。

高职院校思想政治课在政治层面的核心要求就是：在坚持科学社会主义的发展方向的前提下走中国特色社会主义道路，结合中国具体实际，探索社会主义发展的现实道路。这条道路是从前没有的，没有任何经验可以借鉴，只能不断探索，总结经验。改革开放以来，中国共产党在深刻总结社会主义发展经验，尤其是深刻反省社会主义发展中经历的曲折和教训的基础上，坚持走自己的路，开创了中国特色社会主义发展的历史进程。中国特色社会主义是在新时期创新型实践中开创和不断发展的。中国共产党准确把握人民群众迫切要求改变贫穷落后面貌的强烈愿望和利益诉求，顺应和平发展的时代潮流，在改革开放的"第二次革命"中，建设和发展中国特色社会主义。创新型实践没有任何模式可循，党领导人民在"摸着石头过河""大胆地试""大胆地闯"中不断总结经验，不断增强探索的预见性、规律性、系统性。改革开放和现代化建设的许多成功经验都是来自基层，来自人民群众。我们党始终坚持从人民群众的生动实践中总结经验、汲取智慧。因此，大学生在政治思想上必须认同这条道路，认识我国政治文明建设的良好态势，绝不能接受改旗易帜的邪路。大学生思想政治课与政治文明建设本质上具有高度的一致性。

二、打造高效的思想政治课堂

（一）推进课堂教学形式的多样化

1. 创造人性化的学习氛围

高职院校思想政治理论教育新任务告诉我们，教育的过程，其实就是教师与学生一道共同分享人类千百年来创造的精神财富的过程，分享各自的生活体验和价值观的过程。分享，在教师一方，意味着更多的是展示，而不是灌输；是引领，而不是强制；是平等的给予，而不是居高临下的施舍。因此，从某种意义上来说，教育的全部意蕴就包含在师生关系中。师生关系是教育大厦的基石，能否建立民主、平等、合作的师生关系将直接影响师生间分享的效果，决定教育的成败。教育就是服务，所以建立新型的师生关系是当今教师必须面临且必须解决好的课题。新型的师生关系的灵魂就是"以人为本"，将人性化的教育理念渗透到教育的每一个环节中去，体现在具体的实践中就是师者与学生要创设平等、民主、宽容、接纳、安全、愉悦的教育环境，从而让学生以安全稳定的心理状态对待每一节课，在快乐中度过在校的每一天。

在民主、平等、合作的师生关系中，学生既可以作为学习者积极地参与教学活动，也能作为有着鲜活思想的人在与教师的相互尊重、合作、信任中全面发展自己，获得成就与价值体验，并感受到人格的自主和尊严，真正表现出自身的主体行为特征。在教育、在高职院校、在教室这个"文化生态"中，他们每一个人都能感受到自主的尊严，感受到独特性存在的价值，感受到心灵成长的愉悦。思想政治理论教师必须借助人性化的学习氛围构建师生关系，思政教师与学生间的交流必须顾及学生的尊严、学生的感受，居高临下、盛气凌人与思政课的效果南辕北辙，教师的权威神圣不可侵犯这种观念必须被民主、互动的教学氛围代替。当然，在思政教师与学生的交流中，处处都存在着建立良好师生关系的契机，能否捕捉住这一瞬间，主要取决于思政教师的"人文性"，教师对学生是否具有最健康的爱、最完整的爱，即了解、尊重、关怀、给予和责任；取决于思政教师是否拥有爱的宽容，即不以自我为中心，不一味从自己心思和愿望出发，对大学生的意见能按其年龄和成熟程度给以适当的回应。

2. 适时开展情景教学

在各种教学方法中，情景教学较为普遍。情境教学法是指在教学过程中，教师有目的地引入或创设具有一定情绪色彩的、以形象为主体的生动具体的场景，以引起学生一定的态度体验，从而帮助学生理解教材，并使学生的心理机能得到发展的教学方法。情境教学法的核心在于激发学生的情感。情境教学，是在对社会和生活进一步提炼和加工后才影响于学生的。诸如榜样作用、生动形象的语言描绘、课内游戏、角色扮演、诗歌朗诵、绘画、体操、音乐欣赏、旅游观光，等等，都是寓教学内容于具体形象的情境之中，其中也就必然存在着潜移默化的暗示作用。

（1）生活展现情境

生活展现情境即以动态的时事热点为依托，以国家主流思想为指导，把学生带入社会，带入大自然，从生活中选取某一典型场景，作为学生观察的客体，并以教师语言的描绘，鲜明地展现在学生眼前。思政教师共同就某一值得探求和思考的社会现象进行甄别式思维，从而在情境中浅入深出，将抽象的理论内容具体化、生动化。

（2）实物演示情境

思政课经常会涉及相关的历史和时事，因此，可以借助于真实的图片图画题材，穿插感染人的事迹、故事、歌曲，即以实物为中心，略设必要背景，构成一个整体，以演示某一特定情境。以实物演示情境时，应考虑到相应的背景，激起学生广远的联想与思考。

（3）语言描述情境

语言描述是通过口头或者书面表达映现内心倾向的一种过程。情境教学十分讲究直观手段与语言描绘的结合。在思政课构造的情境，如革命题材、法律案例、节目导视等出现时，教师伴以语言描绘，这对学生的认知活动起着一定的牵引性作用。语言描绘提高了感知的效应，情境会更加鲜明，并且带着感情色彩作用于学生的感官，就能将思想情感与思想教育有机结合。大学生因感官的兴奋，主观感受得到强化，从而激起情感，促进自己进入特定的情境之中，对于主流思想倡导的主题更加认同和深化。

3. 组织课堂辩论活动

课堂辩论活动就是在课堂教学过程中，学生围绕某一个有争议的知识点，由于所持的立场和观点不同，展开争论的过程，目的是揭露谬误，探求真理，最后达成一致的意见。课堂辩论活动不同于辩论比赛，课堂辩论活动是教学过程的一个组成部分，是一种辅助的教学形式，其论辩的内容必须是与教学内容相联系的。课堂辩论活动的目的不是为了分出胜负输赢，而是为了达到学生更好地对课本知识的理解。高职院校思政课组织课堂辩论活动非常必要，由理论体系散发的新闻时事素材而导致的观点思辨是必需的环节。

思政教学过程可以把辩论界定为：大学生围绕同一个对象、同一个论题，由于所持的立场和观点不同，展开争论的过程，目的是揭露谬误，探求真理，实践马克思主义实事求是的实践观，或者是为了最后达成一致的意见而采取的不同理论道路。这里特别强调，辩论是一个过程，是一个包含了"开始—展开—终结"的完整过程，是一个由一系列论述、反驳和辩护组成的争论过程。这个过程有时表现为辩论双方对问题进行商榷、求同存异、最终取得一致的步骤；有时又是批驳谬误、探求真理的过程；有时则是针锋相对、捍卫正当权益的过程，这些依托思想政治理论的辩论活动能够焕发课堂活力，能够提高思政课教学的感染效果。

（二）发挥思政课教师的重要作用

1. 思政课教师兼做班主任或者辅导员

思政课教师兼职辅导员工作是一项有益的探索，思政课本身的课程属性能够外化到辅导员工作实际当中，二者具有本质上的一致性。大学生思想政治教育、职业规划与就业指导、心理疏导以及日常管理工作所起的重要作用，对于思政教师而言都是在教学外延之中。"大思政"教育模式可以让思政专职教师更进一步了解团学工作，了解学生，提高思政课教学效果和实践教学能力；能够让辅导员通过与思政专职教师的联系，提升自己的教学科研能力。"双赢"的合作，在丰富思政专职教师实践经验、提升辅导员队伍理论研究能力的同时，真正让广大学生受益。思政教师发挥"传、帮、带"的作用，"拜师"辅导员要认真学习、虚心求教，是实践教学和理论提升的有效结合。思政课教师与辅导员专兼结合队伍建设，在具体实施过程中存在的矛盾和问题，能不断实践加以融合，以形成解决相关问题的联动机制，对推动高等教育思政课教师与辅导员专兼结合队伍建设、增强思想政治理论课的实效性等都有着重要的理论和现实意义。

思政课教师是高职院校教师队伍的一支重要力量，是党的理论、路线、方针、政策的宣讲者，是学生健康成长的指导者和引路人。负责日常思想政治工作的辅导员和负责思政课教学的教师，具有职业目标上的同一性、素质要求上的相似性和工作方法上的互补性。因此，探索加强思政课教师队伍和辅导员队伍交流，实现理论指导与德育实践"双轮驱动"，建立健全教书育人、管理育人、服务育人有效机制，增强学生思想政治教育的实效性和针对性成为近年来学者们关注的话题。辅导员队伍和思政教师队伍必须有效融合，逐步建立有效的激励引导机制，制定辅导员和思想政治理论课教师协同配合的具体办法和措施，将二者的优势互补，资源整合，短板剔除，才能实现教育与教学协同进行，将教学与育人合二为一。

2. 思政课教师参与指导学生社团活动

思政教师进学生社团，可以推动大学生社会实践能力的提升和思想政治素质的提高。同时，能够不断增强学生的爱国主义、集体主义和民族自信心、自豪感，提高学生的政治品质，推动学生社团整体的健康发展。学生社团思政指导教师将思想政治工作融入社团的各种活动中，促进社员提高政治素养，树立正确的世界观、人生观和价值观。学生社团思政指导教师要严格贯彻执行自上而下的国家意志和高职院校团委、思政部关于社团思想政治工作和其他重大事项的指示和决定，对重大的时政热点问题向社团成员进行解读，面向全体社员的思想政治方面的报告，加强对社团组织目标的调控，能够引领社团蓬勃向上发展。

学生社团思政指导教师在此过程中必须根据大学生社团联合会颁布的各项章程、条例及办法，定期主动指导学生社团开展社团活动、社务运作、活动策划、改选交接等事项，并协助其解决社团在思想领域中所遇到的问题，帮助社团制订学期工作计划，做好期末工作总结。思政教师要密切联系社团成员，主动了解学生的思想动态以及社团活动的开展方向；对于活动中存在的各类问题和学生关注的问题，要及时掌握并有效分析，向该校团委等有关部门反映重要信息，做好疏导工作。思政教师要有计划地对学生社团负责人进行培训，有针对性地提高他们的综合素质；

要把学生社团负责人和骨干人员纳入团学干部体系，通过他们凝聚更多的学生，使社团聚集在党团组织周围，形成高效意识形态的纵向渗透。

3. 思政课教师参与指导社会实践

思想政治理论与社会实践有本质上的一致性，思政课的理论需要内化与外化的统一，而外化的重要途径就是社会实践。高职院校思想政治理论课教师参加社会实践活动，可以加深教师了解社会、了解国情，增强坚定走中国特色社会主义道路的信念；引导大学生增强责任感和使命感，树立正确的世界观、人生观、价值观，同时也能提高教师的综合素质；充分发挥教师的知识和智力优势，为人民群众生产和生活基本需求服务，培养教师的劳动观念和奉献精神。思想政治理论课教师的社会实践活动是深化课堂教学的重要环节，是丰富课堂教学内容的有效方法，应深刻认识社会实践活动的现实意义，不断创新、丰富社会实践活动的形式，完善社会实践活动的运行机制，充分发挥社会实践活动对教师的引导作用。

只有坚持校内教学和社会实践两个课堂的学习，才能真正达到提高当代大学生贯彻执行党的路线、方针和政策的自觉性。利用多种形式组织教师实践，有利于巩固、深化思想政治教育成果和坚定学生的政治信念。同时，教师在参加活动过程中，可以发现在专业知识的实践运用中遇到的难点问题，从而找到解决问题的方法和对策，使课堂教学的内容得到进一步的充实和提高，二者互通互融，可以做积极的尝试。

第二节 营造良好的校园育人文化

一、校园文化的基本内涵与特性

（一）校园文化的基本内涵

校园文化是以学生为主体，以校园为主要空间，涵盖院校领导、教职工，以育人为主要导向，以精神文化、环境文化、行为文化和制度文化建设等为主要内容，以校园精神、文明为主要特征的一种群体文化。校园文化是高职院校所具有的特定的精神环境和文化气氛，健康的校园文化，可以陶冶学生的情操、启迪学生心智，促进学生的全面发展。

校园文化是高职院校本身形成和发展的物质文化和精神文化的总和。由于高职院校是教育人、培养人的社区，因而校园文化一般取其精神文化之含义，即高职院校共同成员在高职院校发展过程中，逐步形成的包括高职院校最高目标、价值观、校风、传统习惯、行为规范和规章制度在内的精神总和。校园文化对于提高师生员工的凝聚力、培养良好的校风、培育"四有"新人都具有重要的意义。对于校园文化特别是高职院校校园文化，在同样的思路下，大学生特有的思想观念、心理素质、价值取向和思维方式等是校园文化的核心，其本质是一种人文环境和文化氛围。在这种以大学生自己为主体营造的人文环境和文化氛围中，有校园特色的人际关系、生活方式以及由大学生参与的报刊、讲座、社团及其他科学文化体育活动和各类文化设施作为校园文化的主要特征充盈着高职院校的各方面建设，从而使得高职院校校园更富有生机和活力。

（二）校园文化的特性

校园文化具有以下特性。第一，互动性。校园文化是高职院校教师与学生共同创造的。这里，教师的作用、高职院校领导的作用中，教师作用是关键。领导者的办学理念、办学意识和行为对师生员工的影响不可低估，对校园文化建设的作用是巨大的。第二，渗透性。校园文化飘散在校园的各个角落，渗透在教师、学生、员工的观念、言行、举止之中，渗透在他们的教学、科研、读书、做事的态度和情感中。第三，传承性。校风、教风、学风、学术传统、思维方式的形成，不是一代人，而是几代人或数代人自觉不自觉地缔造的，而且代代相传，相沿成习，似乎有一种遗传因子。任何一种校园文化，一经形成之后，必然传承下去，不因时代、社会制度的不同而消失，虽然会有所损益，但其精神实质却是永续的、永生的。

二、校园育人文化的基本特征及其功能

（一）校园育人文化的基本特征

校园文化以校园的管理文化、课外文化和课堂文化为主要内容。校园的管理文化主要是指高职院校管理的各种制度、学生守则、校纪校规、行为规范等。学生对教育者所灌输的思想、行为方式的接受过程是通过自身的心理活动内化为自身思想和行为的过程。高职院校的德育要求、内容、形式对学生来说是不可选择的，不管学生是否愿意都必须接受，因而容易被学生看成是一种非意愿的外界制约力，从而出现一种压抑感。高职院校在制订规则、规范时，要考虑不同年级层次提出的要求，要认真研究其内容和形式是否被学生接受，并转化为内在需要。

优化集体内部的人际关系，在教师中树立良好的师德形象，敬业爱生，加强师生之间的人际沟通，增进彼此了解，建立新型的师生关系，对促进学生对高职院校的认同感和归属感、增强集体意识、培养主人翁精神也具有十分重要的作用。课外文化是指学生课外文化活动，如第二课堂活动、课间活动等。校园文化是社会文化的一部分。商品经济促进了市场文化的发展，使社会文化具有明显的商业特征。千姿百态、复杂纷繁的社会文化对学生产生着广泛而复杂的影响。因此，在校园环境建设中，要吸收社会文化信息中积极有益的因素，充实校园文化的形式和内容，给校园文化注入时代色彩和生机。在学生身上反映出的形形色色的问题，高职院校思政教师只能因势利导，教会他们正确辨析社会文化的"香花"和"毒草"。

（二）校园育人文化的功能

校园文化作为高职院校教育中的隐性课程，具有暗示性和渗透性的特点。校园文化对学生品德形成的影响是潜移默化的，是一种无声的命令、无言的教育，是感化学生的熔炉，对学生成长和发展有着重要的影响。它与显性课程相配合，成为高职院校进行思想品德教育的重要渠道和有效手段，也是学生实践思想品德教育的重要阵地。校园文化所具有的德育功能，主要体现在以下几个方面。

首先，引导认知功能。校园文化是一种特殊的社区文化，具有鲜明的精神文明和德育特性。众所周知，文化是有阶级性的。我国各级各类高职院校的校园文化，其性质是社会主义文化。学生置身于这样的文化氛围中，既让社会主义先进文化武装了其思想，又使蕴涵在校园文化中的时代精神对自己的认知与追求产生积极的指导作用。此外，校园文化具有较强的审美性，不但可以提高学生的审美情趣，提高人的认识水平，而且还能使人深刻地认识真、善、美，辨别假、恶、丑。这有利于学生培养广泛而有益的兴趣爱好，追求高雅新美的文化品位，塑造活泼开朗的个性品质，养成文明礼貌的行为习惯。

其次，规范行为功能。校园文化是由校内师生自发组织创造和享有的精神文明和文化氛围。它在一定程度上反映了校内师生的道德风尚、精神面貌、行为方式以及文娱活动的水平。一方面，师生在校园中生活，必然受到有形的或无形的、有明文规定的或无明文规定的各种规范的要求和制约，如各种社团的规章制度、各种活动的基本要求，以及师生的行为习惯、高职院校的相关规定守则等，都对师生的行为起着规范和制约作用。即使是自发的文娱活动，如校园棋艺爱好者的课余活动，其相聚的时间、场所、规则等，虽无明文规定，却都能自觉遵守，秩序井然。如果某人不能守其规范，就会显得格格不入。另一方面，受群体效应和从众心理的影响，他会不断调控自己的行为，逐步融入群体之中，最终成为群体中的一员。这种规范作用，有助于学生按照高职院校的规章制度要求自己，规范行为，逐步形成良好的道德行为习惯。特别是校风本身就是一种文化，是一种特殊的环境氛围力量和精神因素，这种无形的力量可以促使学生自觉规范自己的行为，养成良好的道德品质和行为习惯。

再次，陶冶情感功能。情感陶冶是指自觉地创设良好的教育环境，使受教育者在道德情操方面受到感染、熏陶。校园文化对学生的思想品德教育不是直接的理论输入，而是通过创设各具特色的校园生活、和谐友爱的人际关系，以及各种生动活泼的文化艺术活动等形式潜移默化进行的。各具特色的校园文化生活，能够使学生丰富的情感合理地释放出来。如通过绿地、鲜花，把自然的美呈现给学生，使他们产生一定的健康审美愉悦；老师真诚的爱、民主和谐的人际关系，也会拨动学生的心弦，使学生的心灵受到感化，进而使道德情操得以升华。各种生动活泼的文化艺术及活动本身就是一种无形的力量，对学生的品德起潜移默化的作用。如通过墙报、小报、壁画等形式把德育内容展示出来；通过组织学生阅读文学作品、朗读诗歌、聆听音乐、欣赏画展、观看电影等，使他们在这些活动中不知不觉地被校园文化所展示的鲜明的导向所感染，从而激发欲望、启迪智慧、陶冶情操、娱乐精神、优化素质，逐步成为一个在衣着服饰、言谈举止，以及理想追求、心灵品格等方面都符合高职院校教育要求的合格人才。校园文化形式多样，内容丰富，选择性大，吸引力强，学生自愿参加，寓教于乐。其德育的熏陶感染作用犹如春风化雨，润物细无声，有很强的教育亲和力和渗透性。

第三节 加强社会实践的育人功能

一、大学生社会实践概述

（一）大学生社会实践的基本内涵概念与理论基础

1. 大学生社会实践的基本内涵

大学生社会实践是在校大学生利用课余时间，步入社会进行社会接触，提高个人能力，触发创作灵感，完成课题研究，发挥自己的聪明才智以求和社会有更大的接触，对社会做出贡献的活动。用在大学学习到的理论知识进行社会实践活动是每个大学生必须要上的一门课程。大学生社会实践作为高职院校实践教育的重要组成部分，目的在于弥补高职院校教育教学工作的不足，丰富和深化大学生思想政治教育的实践内容，促进大学生在理论和实践相结合的过程中增长才干、健康成长的重要课堂，从而优质成才、全面成才。

高职院校社会实践的主体是积极锻炼的大学生，客体是实践的空间和领域，而投身社会实践可以引导大学生了解社会、了解国情，坚持走中国特色社会主义道路的信念。同时，在实践中外化自己的修养和道德品质可以引导学生增强责任感和使命感，树立正确的世界观、人生观、价值观，提高学生的综合素质，充分发挥学生的知识和智力优势，为社会生产和生活基本需求服务，培养学生的劳动观念和奉献精神。在合理利用课余时间方面，可以全面提高自身素质，为就业做好准备。大学生社会实践是理论与现实的有机结合，是高职院校塑造人、培养人的一种必要手段。

2. 大学生社会实践的理论基础

活动的开展有利于大学生实现专业知识与社会实践的结合；有利于培养大学生的团队精神，提高大学生的实习能力和管理能力；有利于培养适应社会需求的复合型、创新型人才，从而为大学生就业和创业发挥积极的作用。大学生社会实践活动让学生走出校门，走向社会，近距离地感受企业、体会企业文化。一方面使得学生们更好地了解社会、认识国情、增长才干，另一方面也加强了对在校学生的就业指导，帮助学生认识和了解用人单位，增加对用人单位的感性认识，在学生中营造关心就业、了解就业、立志基层的良好氛围，从而对大学生今后的学习、生活和工作发挥巨大的作用。

理论为实践提供了指导和支撑。只有掌握扎实的理论知识，才能够将其充分地应用于今后的工作和实践当中。这就为今后在校大学生指明了方向，使其在工作和社会中立足。大学生必须掌握好专业知识，充分理解各种专业理论，并力求在理解领会的基础上掌握，并能将其应用于对具体问题的理论分析。学会用理论知识分析和解决一些实际问题，这是大学生必须要面对的重大课题。学习专业知识就是要将其用于实际问题的解决，而不能纸上谈兵。否则，掌握再多的知识也只能泛泛而谈，无济于事。实践为理论提供了进一步发展的空间和更加完善的可能。大学生社会实践有利于实现专业知识与社会实践的有机结合。社会实践以其丰富多彩的样式，让大学生在课堂之外收获更为充分的实践专业知识。

实践决定认识，实践是认识的来源和目的。社会实践是大学生运用所学知识在社会上、在实践中检验自己能力和综合素质的有效途径，是高职院校育人的一个重要环节。开展入党积极分子优秀学生干部夏令营、到革命老区搞社会调查、请优秀毕业生到高职院校做报告、送文化下乡等活动都是重要组织形式。只有让大学生得到实践的锻炼，才能使他们亲身感受到知识的重要，体会到创业的艰辛，享受到成绩的荣耀，从而增长知识、增长才干。大学生在与人民群众的广泛接触、交流中受到真切的感染和体验，并从无数活生生的典型事例中受到深刻的启发和教育，使思想得到升华、社会责任感得到增强。在实践中，人生观、价值观得到进一步的强化，大学生能够提高认识能力、适应能力和创新能力，从而形成一年级的社会"认识实践"、二年级的社会"工作实践"和三年级的社会"生产实践"的递进式、系统化的社会实践体系。

（二）大学生社会实践的意义与价值

1. 大学生社会实践是实施素质教育的重要内容

社会实践作为我国高等教育的一个重要组成部分，在我国高等教育中发挥着不可替代的重要作用。同时，社会实践作为学生参与社会生活的一个主要途径，对社会主义物质文明建设和精神文明建设也可起到一定的积极作用，更重要的是，对于素质教育的提升意义重大。

首先，大学生社会实践能够促进大学生的健康成长，能够促进学生思想政治素质的提高。社会实践通过使学生了解国情，有助于他们加深对党的基本路线的认识，坚定正确的政治方向；通过使学生接触人民群众，有助于他们加深对人民群众的了解，同人民群众建立感情，树立为人民群众服务的思想；通过使学生了解社会对知识和人才的需求，有助于他们增强勤奋学习、奋发成才的责任感；通过了解改革和建设的长期性和复杂性，有助于他们克服偏激、急躁情绪，增强维护社会稳定的自觉性。其次，有助于促进学生业务素质的提高。社会实践使学生看到了课堂教学和自身知识、能力结构的缺陷，主动调整知识和能力结构；培养学生不断追求新知识的精神，激发学生的学习积极性和主动性，把知识运用于生产实践；能够帮助学生巩固和深化在课堂上学到的知识，锻炼实际动手的能力。再次，能够促进学生的社会化进程。社会化贯穿于人的整个生命历程，是每个人必须面对和经历的。大学生社会化的成功与否，直接关系到他们的成才与发展，甚至关系到他们一生的命运。社会实践有利于大学生社会角色的转变，强化其角色类型的分辨能力、角色扮演心态的健全能力、角色的适应能力；社会实践有利于提高大学生的实际工作能力，如心理承受能力、适应能力、人际交往能力、组织管理能力和应变创新能力等。

2. 大学生社会实践是促进大学生就业的重要举措

社会实践是促进大学生就业的重要举措，有利于大学生树立正确的择业观，消除就业的心理误区，寻求社会与自身发展的最佳结合。为了更好地了解社会，感受社会就业的现状，体验工作的乐趣，增加个人在社会竞争中的经验，锻炼和提高自身能力，并且能够在生活和工作中很好地处理各方面的问题，社会实践活动十分必要。

大学生社会实践，加强了学生与社会的联系，有利于动员社会各方面的力量，加强和改善高职院校的思想政治工作。在社会实践中提升素质，与就业关系密切，能够使高职院校深入了解学生素质、课程设置、教学与管理等方面与社会要求不相适应的地方，主动推行改革，有利于高职院校进一步端正办学方向，在与社会实际的紧密结合中，寻求高等教育的发展与突破。在联结的社会层面，架起了高职院校与社会沟通的桥梁，使教育走出封闭式的状态，走向广阔的社会舞台，有利于形成教学、科研、社会实践相结合的新型教育体制。在"两个文明"建设中，学生在社会实践中，一方面接受教育，锻炼才干；另一方面，运用所掌握的马克思主义理论、党的方针政策和科学文化知识为地方和活动接收单位做贡献，对"两个文明"建设起到一定的促进作用。了解社会实践的具体作用，有助于高职院校对社会实践进行科学的评估，应当以是否促进了学生的健康成长、是否促进了高等教育的改革和发展、是否促进了"两个文明"的建设作为衡量社会实践成效的主要尺度。

对于就业中需要的能力导向，大学生社会实践有利于提高学习能力。在高职院校学习的专业理论与实际工作需求是有一定距离的。随着知识的快速更新、科技的飞速发展，技术门槛不断提高，社会对人员知识储备的要求也越来越高，这就要求我们必须具备很强的学习能力。同时，学习能力也是就业创业的关键因素。在社会实践中，同学们相互交流、相互学习，取长补短，不断地把别人的优点内化为自己能力的一部分，方能在以后的工作和学习道路上纵横驰骋。

3. 大学生社会实践是大学生服务社会的重要途径

大学生社会实践活动，能够帮助其学习服务社会的很多经验。首先，在社会上，善于与他人沟通需要长期的练习。人需要融入社会这个团体中，人与人之间合力去做事，方能使其做事的过程更加融洽，事半功倍。其次，在工作上还要有自信。自信不是麻木的自夸，而是对自己的能力做出肯定。社会经验缺乏、学历不足等种种原因会使自己缺乏自信。最后，社会知识的积累也是非常重要的。要想把工作做好，就必须了解社会实践这方面的知识，对其各方面都有深入的了解，才能更好地应用于工作中。

作为当代大学生、社会未来的建设者，应该积极走出象牙塔，到社会中去，了解国情，服务社会，认识自己所处的社会位置，明确自己肩上的使命，更进一步激发学习热情。作为教师，除了要传道、授业、解惑，更重要的是引导学生树立正确的学习态度以及正确的人生观、世界观、价值观。鼓励大学生社会实践，不但培养了理论运用于实际的能力和团队合作的精神，磨炼了坚强的意志，还能实现社会实践过程中"服务社会、锻炼成才"的目标。

社会实践活动作为大学生素质教育与能力培养的重要途径，对促进大学生的全面发展具有举足轻重的作用，可以帮助大学生提高思想素质和道德水平、增强身心健康、提升科学素质和人文素养，并提高创新能力。社会实践是提高大学生自我探索能力的有效渠道，有利于大学生更好地了解职业世界，社会实践也是确立大学生职业目标的有效途径。建立健全对大学生社会实践的认知体系，加强社会实践与职业目标的联系，能够提升学生的就业能力，帮助搭建高职院校与社会的缓冲平台。

二、大学生社会实践的具体分析

（一）大学生社会实践的形式与内容

1.基本形式：团队实践与个人实践

社会实践是大学生走向社会、体验社会、感受社会的一项富有意义的实践活动。通过社会实践，个人可以丰富学习生活；通过工作，个人可以拓展人生阅历；通过交往，个人积极参与，可以结识更多的朋友。个人实践依赖于自身的兴趣和感受，投入生活洪流，才能发现社会生活与校园生活的差距。亲身实践才会产生清醒的认识，明确自己的定位，确立相对现实的目标。

相对于个人实践，团队实践在社会实践中的占比很大。团队是由基层和管理层人员组成的一个共同体，它合理利用每一个成员的知识和技能协同工作，解决问题，达到共同的目标。团队实践有以下主要特征。

（1）清晰的目标

高效的社会实践团队对所要达到的目标有清楚的了解，并坚信这一目标包含着重大的意义和价值。而且，这种目标的重要性还激励着团队成员把个人目标升华到群体目标中去。在有效的团队中，成员愿意为团队目标做出承诺，清楚地知道希望他们做什么工作，以及他们怎样共同工作并最后完成任务。

（2）相关的技能

高效的社会实践团队是由一群有能力的大学生组成的。他们具备实现理想目标所必需的技术和能力，而且相互之间有能够良好合作的个性和品质，从而出色完成任务。后者尤其重要，却常常被人们忽视。有精湛技术能力的人并不一定就有处理群体内关系的高超技巧，高效团队的成员则往往兼而有之。

（3）相互的信任

大学生团队成员间相互信任是有效团队的显著特征，也就是说，每个成员对其他人的品行和能力都确信不疑。我们在日常的人际关系中都能体会到，信任这种东西是相当脆弱的，它需要花大量的时间去培养而又很容易被破坏。而且，只有信任他人才能换来被他人的信任，不信任只能导致不信任。所以，维持群体内的相互信任，还需要引起管理层足够的重视。

（4）一致的承诺

高效的社会实践团队成员对团队表现出高度的忠诚和承诺，为了能使群体获得成功，他们愿意去做任何事情。我们把这种忠诚和奉献称为一致的承诺。对成功社会实践团队的研究发现，团队成员对他们的群体具有认同感，他们把自己属于该群体的身份看作是自我的一个重要方面。因此，承诺一致的特征表现为对群体目标的奉献精神，愿意为实现这一目标而调动和发挥自己的最大潜能。

（5）良好的沟通

毋庸置疑，这是高效社会实践团队一个必不可少的特点。群体成员通过畅通的渠道交流信息，包括各种言语和非言语信息。此外，管理层与团队成员之间健康的信息反馈也是良好沟通的重要特征，它有助于社会实践指导团队成员的行动。

2. 社会实践的内容：调查研究型实践、公益社会型实践、职业发展型实践

（1）调查研究型实践

它以专业或者学术研究为目的，以收集、分类、整理材料并提出问题、报告结论为特点，具有全面、专业、深入的特点。调查研究型实践报告一般包括以下内容：调查目的、调查对象、调查内容、调查方式（一般可选择：问卷式、访谈法、观察法、资料法等）、调查时间、调查结果、调查体会，可以是对调查结果的分析，也可以是找出结果的原因及应对办法等。

（2）公益性社会实践

大学生公益社会实践是指在校学生利用假期（主要指暑假）及课余时间，深入到工厂、农村、街道、部队、医院等进行考察，了解社会，并利用所学专业知识为经济建设和社会发展服务的实践活动。公益性社会实践是参与社会主义市场经济建设、促进教育改革的积极因素，是德育的重要组成部分，是引导广大大学生健康成长的有效途径，是丰富和深化大学生思想政治教育的实践内容，促进大学生在理论和实践相结合的过程中增长才干、健康成长的重要课堂，从而优质成才、全面成才。

（3）职业发展型实践

职业发展就是在自己选定的领域里、在自己能力所及的范围内成为最好的专家，在某一领域有深入和广泛的经验，对该领域有深刻而独到的认知。职业发展通道是进行职业生涯管理的基础条件之一，是通过整合企业内部各个岗位，设置多条职业发展系列并搭建职业发展阶梯，然后通过岗位能级映射，探测岗位间的关联，为员工提供广阔的职业发展平台。职业发展型社会实践是按照职业发展通道在大学生有限的空间和时间内进行积极的职业尝试，以便在职业方向的设定中找到自身差距和定位。

（二）社会实践的方向与原则

1. 大学生社会实践选题来源：个人经历与兴趣、相关专业、已有实践项目

个人经历与兴趣是指经历过程中对事物喜好或关切的情绪，在心理学上指人们力求认识某种事物和从事某项活动的意识倾向。它表现为人们对某件事物、某项活动的选择性态度和积极的情绪反应。兴趣实际上是需要的延伸，兴趣、爱好会直接影响到个人的职业生涯。兴趣是职业生涯适应的一个基本方面，可以为职业生涯选择提供有效的信息。兴趣主要用于预测你的工作满意度和工作稳定性，工作满意是职业生涯适应的一大标志。个人经历与兴趣在专业学习中形成已有的实践项目，决定了大学生在实习和就业过程中的航向，是影响职业定向与职业选择的重要因素之一。

在选择职业定向的过程中，人们常常会倾向于寻找与个人兴趣相关的职业，尤其是在外界限制比较小的时候，人们都会选择自己感兴趣的职业。个人经历与兴趣在专业学习中形成已有的实践项目可以增强人的职业适应性，促进个人能力发挥，并且，广泛的兴趣还可以让人定位多变的环境，就算变换工作性质也能很快熟悉与

适应工作。同时，个人经历与兴趣在专业学习中形成已有的实践项目，是保证个人职业稳定性与工作满意度的重要因素。一个人对某一事物感兴趣就会激发对该事物的求知欲与探索热情，调动自己的积极性，使智能与体能进入最佳的状态，从而最大限度地施展才华，充分发挥主动性与创造性。那么，在这种情况下，个人的职业稳定性也会得到保障，并且很容易提高工作满意度。

2. 大学生社会实践的选题方向：面向社会，深入基层，提升能力，服务社会

虽然职业兴趣一旦形成，便在职业生涯中具有一定的稳定性，但根据实际需要，还是可以通过多种途径，加上自己的努力去规划、改变、发展和培养的，在培养职业兴趣和社会实践状态时，可以根据兴趣、专业及已有的实践项目确定选题方向。

大学生下基层进行社会实践要最大限度地减轻基层和群众的负担，要有详细的工作计划、明确的工作目标，带着问题进行调查研究，在调查研究中发现新的问题，并找出解决问题的办法和措施。深入基层要实事求是，扎实实践自己的专业及兴趣走向，并对社会实践的时间、地点、工作的内容和结果要做好详细的记录。

带着社会实践的选题方向，大学生积极投身于基层服务，为就业做好前奏。以利他为内容，以公共利益为目标指向，大学生社会实践是服务社群的一种方式，也是大学生观察和研究社会的途径。这一渠道有利于大学生把专业知识应用到社会服务之中，拓展了大学生的视野，也为社会公益事业带来了新的动力，体现了大学生接触社会、参与社会、改善社会的良好愿望。大学生社会实践的选题方向确定，可以引导大学生了解社会、了解国情、了解基层，坚定中国特色社会主义道路的信念，增强责任感和使命感，树立正确的世界观、人生观、价值观，提高综合素质。在充分发挥学生的知识和智力优势、为人民群众生产和生活基本需求服务的基础上，可以培养学生的劳动观念和奉献精神。

三、大学生社会实践的实施与执行

（一）社会实践的准备

1. 自我调整：思想准备、身体调整、团队建设

社会实践实行前必须做好充分的准备，在思想、身体及团队建设上进行自我调整。第一，牢固树立"安全第一"的思想，始终把安全工作放在首位。在实践过程中一定要计划周详，准备充分，严守纪律，服从指挥，不断增强自我保护意识，

与实践地接收单位和老师保持密切畅通的联系,确保实践活动安全顺利开展。第二,把社会当作大课堂,虚心向优秀老师、向身边的朋友学习,脚踏实地,勤思多问,努力提高自己发现问题、分析问题、解决问题的能力;在实践中提高自身素质,促进全面发展。第三,敢于吃苦,不怕困难,发扬朴实、沉毅的优良传统,坚持学习书本知识和投身社会实践的统一。无论身处何处,都要发扬革命传统和时代精神,自觉维护高职院校声誉,以实际行动展现高职院校师生积极进取、健康向上的精神风貌!

在社会实践的团队建设方面,大局意识、协作精神和服务精神是集中体现。团队精神的基础是尊重个人的兴趣和成就,核心是协同合作,最高境界是全体成员的向心力、凝聚力,也就是个体利益和整体利益的统一,从而推动团队的高效率运转。团队精神的形成并不要求团队成员牺牲自我,相反,挥洒个性、表现特长保证了成员能共同完成任务目标,而明确的协作意愿和协作方式则产生真正的内心动力。没有良好的从业心态和奉献精神,就不会有团队精神。目标是十分重要的团队要素,而帮助团队设定明确的目标必须达成一致,团队动态取决于团队需要实现的目标和每名团队成员的个性。团队应该利用主要贡献列表制定一份任务明细,言简意赅地陈述团队为哪些工作而存在。团队任务明确之后,就要开列紧要事项清单,确定团队必须完成的工作和团队成员实现核心目标所必需的互动方式。

2. 物资筹备:个人必备物品、实践材料、经费预算与管理

社会实践物资筹备由许多环节组成,其中,实践现场的物资管理工作就是其中的一环,社会实践中消耗的材料成本、个人必备物品的准备及对基础工作的开展就是在这一环节完成的。物资管理工作是社会实践成本管理的重要基础之一,社会实践人员的专业技术能力直接影响着实践空间经济管理优化和成本有效控制的水准。一般来讲,物资管理的基本工作既包括物资社会实践的前期准备成本,又包括实践中的实务操作及实践材料,也包括某些具备一定综合性和复杂性的基础和提升工作,因此社会实践人员应具备一定的实践经验和专业知识,应在实践对象中克服传统观念中对这一工作岗位业务素质要求不高的认识,加强对实践人员业务能力的培训和指引,真正发挥其"桥头堡"作用。

做好经费来源的预算与管理。在社会实践经费预算方案管理方面,实践团队要本着一切从勤俭节约出发,精打细算,合理化集约化实践进程。经费来源一般来自学院社会实践活动专项经费(自筹除外)。经费开支与报销事项必须遵从以下几点:

①活动的一切开支本着节约为前提，杜绝浪费；②应向实践成员公开当天的各种开销；③每一笔资金的支出都应有发票，并注明用途、经办人姓名，并交由指导教师签字后方可报销；④各社会实践小组要保管好活动经费支出的发票或相关收据；⑤活动结束后，及时上交活动收支明细表。

（二）社会实践的资料保存与推广

1. 社会实践文章材料的记录与留存

在一个典型的社会实践工作日，社会实践过程的很多文件、报告、图表，还有一些其他文件，都能点滴记录实践活动流程，通常我们还要将这些资料保存起来稍后再提取出来。在需要的时候就能立即拿到这些材料，以便于做进一步分析。材料留存是反映社会实践价值最鲜明的因素，内容标准必须强调社会实践内容的重要性、独一性和时效性。留存材料是对既定事实的记载，而这些事实本身的重要程度直接影响社会实践的价值取向。

材料留存对象：①反映社会实践突出事迹或者对专业指导的重要内容的；②具有重要价值，且能为实习、就业提供重要参考的；③典型任务，能够为专业实践提供重要参考的；④能够见证实践脉络，为大学学习指明应用方向的。社会实践文档材料留存涵盖本人实践期间的实践目的、实践内容、实践效果等材料，全部属于原始材料，不可复制，反映了高职院校和学生对于此项任务的重视和实施情况，保存好社会实践文档是一项重要工作。

2. 社会实践图片、视频资料的记录与留存

图片是人们在社会交流中产生并发展而来，而图画与文字在某种意义上都是交流的基本媒介。图画更早于文字，就如众所周知的象形文字，假如我们只有单纯的文字，就会产生各种的图画联想。社会实践过程中，"图文并茂"会更有优势，因为可以更为直观地显示自己的活动，同时能够通过潜意识让师生在观看之后对社会实践有一定的了解，配合视频资料的记录，更好地营造良好的社会实践氛围。

在社会实践活动中，图片的作用是不容置疑的，能够为活动的总结与反思提供素材，但图片必须经过精挑细选再记录与留存。繁杂的让人看得眼花缭乱没有重点，太少了又达不到想要的效果，因此，图片的截取能够展示社会实践过程中鲜活的素材和事例，内容少却能激发社会实践热情的图片对于材料留存甚为必要。

图片选好后社会实践指导教师还要引导学生进行欣赏。图片不一定要按照我们平时的观赏习惯来看，可以多角度进行欣赏，如内容亮点、专业应用、特色展示等，

就会出现不同的理解和启发，其他学生就会有不同的感受。有价值的图片及视频资料对于实践教学意义十分重要。

（三）社会实践的安全防范

1. 人身安全、交通安全、财务安全

组织学生参加社会实践活动是高职院校教育的重要组成部分。学生社会实践活动的组织管理，特别是在安全方面，要做到确保参加实践活动的学生的人身安全，防止意外事故的发生，根据实际情况和学生的特点制定学生实践活动安全方案。

从学校层面来看，高职院校需要以校长为组长，以校委会成员为各个安全方面负责人员，成立学生社会实践活动安全领导小组。小组的职责是审核社会实践活动项目可行性，布置组织社会实践活动全过程，对社会实践活动中发生的一切安全问题进行及时处理。凡学生在校期间由高职院校组织集体外出活动、社会实践之前，必须上报上级有关部门审核，出发前要严格法纪，组长、辅导员、老师都要强调遵守纪律、注意行路安全等内容，对学生进行安全教育，并指派班级干部对活动全过程的安全负责监督，对突发事件能够进行及时处理。

从交通情况看，要注意交通安全，遵守交通规则。注意乘坐交通工具的安全，乘坐具有安全保障、具有合法客运资格的车辆，不乘坐超载、无照等非法车辆。乘坐长途交通工具时，可考虑购买交通票证附带的保险等。乘坐交通工具，贵重物品注意贴身存放，睡眠过程中不要将贵重物品放在行李架上，减少被盗窃的可能。如遇交通事故一定要及时处理，有严重受伤的，立即拨打120、110，并立即组织抢救，同时，迅速报告校领导，调动应急车赶到事发现场，视伤情确定是立即送医院，还是紧急处理后送医院。再者要保护好现场，指挥师生撤离至安全地点，向上级领导报告事故情况。

从学生活动范围来看，凡学生外出进行活动，辅导员要负责安排成员统一规范，有秩序地出行。班主任老师随行班级队伍，监督学生的安全，及时对违反纪律和安全要求的学生提出批评和制止。班主任要负责对参加活动的本班学生人数进行清点，避免发生危险事故。

从社会实践过程来看，班主任老师要对活动内容和安全事项进行说明，强调安全问题，并安排班级干部负责安全工作，掌握班级活动动态。在社会实践中防止应用专业知识时出现意外情况，同时确保活动有序进行。凡是组织参加社会实践活动，在结束后，组织者要对活动期间的安全状况进行总结，保证整个流程的人身、交通、

财产安全。

2. 应急预案

参加社会实践的学生应在出行前告知家长本次活动安排，让家长充分了解实践活动中可能存在的风险，在得到家长同意的情况下，以团队为单位在高职院校备案登记。注意防范诈骗案件，定期和家人联系，不向陌生人泄漏自己的身份证号码和家庭联系方式；请家人不要轻易相信陌生人传达的消息，如有任何消息应及时和高职院校有关部门联系，切勿向陌生人或者陌生账号转账汇款。

社会实践之前，相关部门应为参加社会实践活动的学生购买短期意外保险。在社会实践过程中，务必牢记"安全第一"的观念，严守安全纪律，不散漫、不冒险，不存有侥幸心理，对自己负责，对他人负责，共同确保实践过程安全顺利。遇到媒体采访，要慎重接受，谨言慎行，在接受采访中任何人只能以个人身份发表意见，未经许可不得以校方名义发表观点。大学生社会实践中必须保持联系畅通。实践活动开始前，成员之间应加强认识与沟通，以便在实践期间分组活动时随时可以取得联系。

社会实践安全团队负责人在每天实践活动结束后清点成员人数并确认其身体健康和财物安全情况，对团队安全进行评价，每天做一次总结。要提前做好实践地点联系及相关信息收集工作，每位成员应提前了解实践地点所在的政府部门、警方、医疗机构以及接待单位的联系方式。实践进程中，原则上不允许单个成员脱离实践队伍单独行动；必要情况下，有队员单独行动时，必须向团队安全负责人说明事由、前往地点、返回时间以及确保联络畅通；实践队伍尽量减少夜间外出，尤其禁止队员夜间单独外出，一般情况下，尽量不要让女生单独行动。

物品的保管方面，要注意贵重物品的保管和存放。成员之间互相熟悉携带的行李，便于互相照看；上下交通工具、更换住宿地点时注意清点物品，避免遗失；乘坐汽车等交通工具时注意记录车号，便于出现问题时查找和联系。活动前一天了解天气情况，做好相应准备；出发时遇天气变化，要认真分析趋势和可能，做出延时变更处理，不可冒险行动。

工作计划及预案方面，要事先制订每项活动的具体计划。临行前要检查生活必需品是否齐备，如衣物、洗漱用具、防晒驱虫用品、雨具、常用药品等。行李压缩打包，精简为宜。颠簸中切忌饮食过量，最好找通风的地方，新鲜空气可以防止作呕。要有计划、有纪律地实行活动调研，避免因活动无目的、人员工作无秩序而导致时间浪费和人员安全问题的出现。应听从领队老师的指挥，遇到突发事件，应该沉着冷静。不在危险的地区（如江边、湖边）逗留。如在暑假，为防天气骤变，应当根据当地的气候准备一两件较厚的衣服，准备一双舒适的运动鞋，留意天气动向，及时增减衣服。特别提出，应注意避免在高温、高湿、阳光直射等不利环境下长时间活动，合理饮食，充足饮水，尽量减少中暑情况的发生。注意饮食卫生，预防食物中毒；饭菜宜清淡，瓜果蔬菜一定要新鲜；外出就餐注意选择具有一定卫生条件的场所，尽量少食用生冷食品，尽量不要饮用生水。为避免水土不服引起的各类疾病及由于高温引起的中暑，应备好各类药品，尽量避免高温环境工作。要了解当地危险动物的活动情况，并做好相应准备。搞好个人卫生，根据当地情况准备合适的衣物及卫生用具并妥善保管，减少由于高温、高湿、蚊虫叮咬等原因引起的各种疾病。有人员出现病痛时，如果没有在医院接受治疗，务必安排身体状况良好的人员陪同，不要让伤病人员单独停留在住宿地点或活动地点，如病情恶化需要及时联系家长，并告知校方，同时做好应急处理。

四、大学生社会实践的制度保障与思考

（一）建立大学生社会实践长效机制

大学生社会实践不够深入，缺乏自主实践活动，高职院校相关工作部门有效地协调好大学生社会实践和社会实习关系的能力还需进一步加强，社会实践的针对性还需进一步明朗化。同时，缺乏完善的评价体系直接影响到大学生对于社会实践的积极性。如今紧抓单点、忽略全面的评价体系现象还存在，即仅仅重视系统性的社会实践活动，组织性和目的性比较强，忽视了每一个学生在社会实践过程中的自主性和创造性。因此，建立大学生社会实践长效机制还要进一步加强。

创建大学生社会实践长效机制需要将软件与硬件相结合，实现资源的共享、互补和有效整合，走出一条适合当今社会发展和学生能力提升的大学生社会实践之路，创建一个新的目标，即"实践＋技能＋人本"方式，充分利用校内实践和校外实习两种方式，强调学生在实践中动手能力的培养，体现对大学生性格的塑造和情商的培养。在这个目标下，高职院校必须做到三点。①专业特色要明显。高职院校要在原来的基础上加大创新，进行系统的优化和提升，将专业做成一定的品牌效应，在该领域起到带头的作用。②使校际资源互补。各兄弟院校要合作发展，充分发挥每一个院校的特长弥补自己的不足，取长补短，实现高职院校之间的共赢。③资源实现整合共享。学生社会实践的项目和内容将按照专业分配给每一所高职院校。必须将资源整合起来，实现共享，共同承担起大学生社会实践的规模化和专业化发展，

实现共赢共生的局面，自上而下地构建思想政治理论实践的芳草绿地。

将大学生社会实践活动深入持久地进行下去，还必须在实践中做文章。①创新社会实践的形式和内容。高职院校需要经过不断的革新，将广泛的实践主体丰富化，将单一的形式多元化，将无趣的知识专业化，将陈旧的内容时效化。让学生学有所用，时刻把握未来的趋势和方向。结合自我特色，让大学生实践活动朝着思想认识提高、智力提升和社会化能力全面加强的方向高层次发展。②规范社会实践考核评价机制。考核的机制要具有一定的激发性和公平性，更能调动大学生参加社会实践的积极性。将定性评价和定量评价有效地结合起来，将实践活动具体的内容和效果记录和积累下来，形成一种总结。③开拓实践基地，整合有效资源。高职院校在开拓校外实践基地时，寻求长期合作，双方共赢，达到大学生社会实践的长效性，并为大学生将来的就业以及实习做好充分准备。④重视社会实践管理。为了让大学生能广泛地参与社会实践活动，不断增强大学生社会实践的实效与长效性，有必要对社会实践进行管理，使大学生社会实践充满活力，释放大学生的创造和服务热情，保证社会实践活动可持续进行，夯实其"生态"性。

（二）对大学生社会实践的思考及展望

社会实践对大学生来说具有重要意义，社会实践是大学生与社会接轨的必然阶段，是培养新世纪综合人才的重要途径之一。社会实践能让大学生预先踏足社会，了解将来所要走的路的大致轮廓。社会实践能够帮助大学生开阔视野，将理论知识生动化、实践化，同时在了解社会、深入生活、磨炼意志、培养实干能力等方面作用突出。

就大学生社会实践的现状和未来来看，实践活动的开展趋向系统化，打破了之前零散局部的活动范围，而趋向自上而下整体的系统活动，活动的对象是社会，参与主体是大学生，高职院校、学生、社会三者结合起来才能更好地体现和落实大学生社会实践活动的积极成果。把大学生社会实践活动建设成为一项由高职院校、学生和社会共同参与的系统工程，将学生由"高职院校人"转变成"社会人"，由"书本人"转变成"生活人"的趋势正在悄然发生改变。

就实践内容而言，实践中，高职院校与政府、企事业单位等开展合作共建的活动就是社会化的充分体现，这也是大学生社会实践的趋势。一般通过社会实践基地的建立，既为大学生提供了开展实践活动的内容和必要的条件，同时也依托学生的专业知识，发挥高职院校的技术优势，为社会解决了许多实际问题。

第五章　高职院校思政"知行结合、协同育人"

第一节　"知行结合、协同育人"思政课教学模式的设计

一、"知行结合、协同育人"思政课教学模式的内涵

（一）"知行结合、协同育人"教学模式的内涵

模式是英文"model"的汉译名词，一般是指研究对象在理论上的逻辑框架，是经验与理论之间的一种可操作性的系统，也可看作是对真实世界的一种理论化和简约化的表达或者对现实的一种同构。模式是一种理论指导，也是一种操作规则。按照一定模式运作，有利于策划合理的设计方案，有利于事半功倍完成任务，有利于选择解决问题的有效方法。

（二）"知行结合、协同育人"思政课教学模式创新的提出

高职院校"知行结合、协同育人"思政课教学模式创新的提出主要基于以下考虑。

第一，马克思主义的合力论以及协同教育的理论是思政课教学模式创新的理论基础。马克思主义经典著作关于思想政治教育形成合力的方法论较多，诸如"齐抓共管"论、"齐心协力"论、"通力合作"论等都强调了合力的重要性。中央领导都非常重视，且呈现出三个特点：一要抓住，就是说思想政治教育不能可有可无，也不能时有时无；要在"议程"上有计划有安排，确保"各地党委的第一书记应该亲自出马来抓思想问题"。二要抓实，就是说思想政治工作不能只"议"不决，只说不做。三要抓好，就是说要研究，要重视思想政治工作的理论研究和经验总结；要苦干也要巧干，更要遵循规律性，符合科学性，从而体现实效性。建立在协同基础之上的协同教育理论则强调将家庭、高职院校和社会及受教育者这四个要素科学地整合为一个更高层次的育人系统，使家庭教育系统、高职院校教育系统和社会教育系统三个子系统的要素或信息相互进入，产生协同育人效应。这些为思政课教学

模式创新的提出奠定了坚实的理论基础。

第二，政策导向与现实问题是思政课教学模式创新提出的现实依据。从政策导向看，新的历史条件下党对教育事业提出了总体要求，"把立德树人作为教育的根本任务，培养德智体美全面发展的社会主义建设者和接班人"。党的十九大报告再次强调："要全面贯彻党的教育方针，落实立德树人根本任务，发展素质教育，推进教育公平，培养德智体美全面发展的社会主义建设者和接班人。"高等教育内涵式发展的具体部署：把立德树人作为根本任务，把综合改革作为重要动力，把优化结构作为战略重点，把促进公平作为现实需要，把评估监测作为重要手段。中国高职院校当前改革的主要动向是：建立现代大学制度，推进协同创新、协同育人，办出特色和争创一流，寻求国际化，引进国际高端人才和团队。

从现实问题看，高职院校育人存在部门之间不协调的弊端。根据产业结构转型升级对技能型人才素质的新要求和学生可持续发展的需要，针对高职院校办学中存在的对外封闭、对内体制壁垒的问题，为适应现代科技产业整合发展的新要求，解决人才培养与社会需求脱节、教学与科研脱节、科研与应用服务脱节等"两张皮"痼疾，高职院校应该以高度的创新自觉，大力推进协同育人体制机制改革。思政课由于自身学科的特殊性，必须面对产教融合的大趋势，勇敢地跳出固化的教学模式，自觉将校外、校内两个课堂打造成一个有机整体，大胆创新，真正做到全员育人、全方位育人。

第三，实现两大课堂之间的互动与协同是思政课教学模式创新提出的价值依据。协同育人是思想政治教育合力形成的新模式。大数据时代，教会学生在多元文化环境中如何把握好自己，成为真正对社会有用的人才，也对高职院校的育人模式提出了更高的要求。素质教育的培养目标是促进大学生人格的健全、知识的增长、能力的提升，这是一项复杂的系统工程，这一既定目标的实现需要学生成长成才软环境和硬环境的协同，需要各种优质教育资源的整合协同，需要组织系统各机构及各要素之间的协同，需要培养体系各相关要素的协同，需要部门联动、全员育人，需要大学内部组织和教育者的通力合作，需要高职院校与社会的协同，需要理论教学与实践教学两大课堂的协同。当务之急是实现两大课堂之间的互动与协同，这不仅关系到课程体系的变革，更重要的是关系到高等教育中素质教育和人才培养模式的变革。

协同育人是对课堂教学价值观的重构，是学生生命活力得以激发的动力源泉，它使传统的课堂更有实践意义，更富生机活力，更加开放融通；可以使学生在活动体验中、在身体力行中释放激情和潜能，使知识得以延展、能力得以拓展、人格得以发展。在协同育人模式下，学生不再只是被动接受知识，而是主动建构知识，拓展能力，完善人格。在协同育人理念引导下，素质教育培养目标从传授知识、增强能力二者的统一，转变到健全人格、传授知识、增强能力三者的统一，育人理念发生了转变，组织机构发生了变革，素质教育培养体系由两大课堂对立割裂日益走向协同统一。

第四，原有的实践探索为高职院校思政课教学模式的创新奠定基础。项目组的成员大多从事过高职院校思政课教学的教改研究工作，发表了相关论文，还有的教师在公办本科高职院校工作多年，主持过多项省部级教改课题，具有丰富的教改经验。他们来到专科高职院校工作后，都感到专科高职院校的思政课教学有其特殊性，应该探索一条不同于公办本科高职院校的教改之路。

二、"知行结合、协同育人"思政课教学模式的原则

高职院校思政课教学模式创新必须坚持产教融合、目标明确、导向正确、强化实践、有利操作、注重实效的原则。

（一）产教融合

产教融合是现代高职教育的主要特点。在这一背景下，高职院校的教学活动均要为这一目的服务。产教融合是指高职院校办学与市场接轨，体现市场需求。高职院校与区域内相关行业、企业在人才培养、技术研究与升级和成果转化中密切合作、相互支持、相互促进，把高职院校办成集人才培养、科学研究、科技服务为一体的产业性经营实体，形成高职院校与企业浑然一体的办学模式。在这一背景下，高职院校思政课教学模式创新应体现这一特点。

（二）目标明确

高职教育的目标主要是培养高素质的劳动者和技能型人才，各高职院校培养学生主要是为了适应社会发展的需求，实现人才"提前培养，同步使用"。新形势下，优秀的品质、出众的能力、广博的知识、创新的精神和全面发展的综合素质成为时代和社会对高职大学生提出的新要求，也成为高等教育事业改革发展和大学变革的起点和归宿。高职院校思政课教学模式的创新必须适应社会对人才提出新要求的大趋势，形成有利于协同育人的态势，促进学生职业道德素养的提升。

（三）导向正确

高职院校思政课担负着对大学生进行系统的马克思主义理论教育的任务，是对大学生进行思想政治教育的主渠道，是帮助大学生树立正确的世界观、人生观、价值观的重要途径，也是社会主义大学本质特征的体现，是党和国家事业长远发展的根本保证。它具有思想政治性和基础理论性的双重属性。所谓思想政治性，是指思政课传播的是执政党的指导思想和执政理念，是为培养社会主义事业合格的建设者和可靠接班人而开设的。所谓基础理论性，是指思政课传授的知识是人类用于认识和改造世界，推进社会发展进步的基本原理，是各学科专业学生学习的基础理论和基本方法，有助于学生在学习和生活中逐步学会运用科学的思辨方法，养成正确认识人、自然和社会等方面问题的习惯。上述特点，决定了思政课教学模式的创新必须坚持正确的价值导向，必须用社会主义核心价值观的正能量来为高职院校的学生塑造高尚的灵魂。

（四）强化实践

实践教学是高职院校思政课教学的薄弱环节，而产教融合也要求思政课教学加强实践教学环节，让学生在"做中学"，培养学生的动手能力。高职院校思政课教学也应体现这一要求，加强思政课实践教学环节，引导高职大学生走出校门、深入实际、深入基层、深入群众，开展教学实践、专业实习、军政训练、社会调查、生产劳动、志愿服务、公益活动、科技发明活动和勤工助学等，在实践中受教育、长才干、做贡献，树立正确的世界观、人生观和价值观，进一步提升高职院校学生的实践能力和创新能力。

（五）有利操作

首先，思政课教学模式创新要有利于高职院校思政课教材体系向教学体系的转换，有利于教师将一个个比较抽象的理论观点具体转换为简洁易懂的话语，有利于学生理解、把握和运用科学理论。其次，思政课教学模式创新要有利于思政课理论教学与实践教学的协同，要通过教改，将思政课教学渗透到学生的日常生活与平时的教育管理之中，使之融入高职院校大思政、大德育的格局。再次，思政课教学模式创新要有利于整合资源，有利于调动校内外各方面积极性，努力形成全社会支持思政课教学改革的良好局面。整合资源，就是指思政课实践教学要注重以项目合作为中介，以实践活动为形式，整合校内校外的德育资源，促进出成果、育人才。校内的德育资源包括专家教授的创新创业经历与实践、优秀毕业生的创新创业成果及在校学生的创新成果等。校外既包括本科院校与高职高专的德育资源，更包括企业、政府有关部门及科研馆所的德育资源，只要对促进思政课教学有利，对学生发展有利，都可以借鉴和运用。

（六）注重实效

产教融合要求思政课教学要注重实效，因此，高职院校思政课教学模式的创新要有实招，不做虚功，不玩花样，不搞形式主义的花架子。既要推进学生综合素养的提升及基本能力的提高，使学生在高职院校学的知识能够解决产业行业中的现实问题；又要有利于解决教学中的难点问题，使思政课教学变得通俗易懂，进而实现科学理论传播的大众化；更要带动高职院校思政课教学科研团队的全面建设，不断推进师资建设、课程建设与学科建设水平的提升，促进教书育人、科研育人、实践育人、文化育人与组织育人氛围的形成。

三、"知行结合、协同育人"思政课教学模式的设计思路

（一）"知行结合、协同育人"思政课教学模式的教学理念

"知行结合、协同育人"的思政课教学是按照立德树人的目标，遵循"成就学生"的教学理念。所谓成就学生，指的是高职院校思政课教学要着眼于成就学生成才发展的需要，努力将高职院校学生培养成国家需要的"又红又专"的技能型人才。这一理念要求思政课教学关注学生的需要，关注学生的长远发展，这将有利于促进学生的进步。

遵循"成就学生"的教学理念，体现在高职院校的思政课教改中。要解决思政课知行脱节的问题，就必须遵循实践感知规律，让学生通过感觉器官或自己的身体行为，在感知"现象"的过程中，发现"现象"的本质。"知行结合、协同育人"的教学模式正是遵循这一规律而提出的。

"知行结合"贯穿到思政课教学中要求教师所教授的知识与实际相联系，能够指导实践，帮助学生成长成才，让学生有收获感，同时也体现了思政课的价值。"协同育人"则是指高职院校要借助社会资源，促进高职院校与科研院所、企业、政府和社会团体之间以及高职院校内部不同院系之间的深度合作，形成产学融合、优势互补的育人机制与育人网络，共同培育创新人才的过程。

（二）"知行结合、协同育人"思政课教学模式的设计思路

"知行结合、协同育人"思政课教学模式的总体设计思路是通过理论教学体系

化微课化、实践教学项目化，使理论教学的"知"与实践教学的"行"紧密结合，实现课内与课外的协同。通过教学方法创新、辅助教材编写及思政微信课堂开发，形成网上与网下的协同。通过以项目合作为基础的校企、校际合作，挖掘和整合高职院校内外的德育资源，形成思政教师与管理人员、校内与校外协同育人的合力，进而促进大思政格局的形成，带动学生思想道德素质的提升和思政课教师教学科研水平的全面提高。

这一思路的提出是基于产教融合的背景，针对新办高职院校办学资源相对匮乏、思政课教学知行脱节，即知不清、行不到的问题，为适应经济转型升级对复合型、高素质人才的需要，以提升高职思政课教学实效性，增强高职学生的情感认同、理论认同和政治认同为目标提出的。解决上述问题的方法就是知行结合、协同育人。

知行结合，就是通过理论教学与实践教学的协同，解决知行脱节以及实践教学的规范、到位和可持续的问题。具体办法：通过理论教学体系化、微课化解决"知不清"的问题，实践教学项目化解决"行不到"的问题。理论课按教材的逻辑主线整合教学内容，并以微课形式精讲重点、难点；再通过开发思政微信课堂、建设精品课程、编写辅助教材等形式，实现网上网下的协同，加深学生对理论观点的理解。实践课则按课程计算学分，按项目算学时，分为先知后行（如礼仪训练）、先行后知（如素质拓展及品行养成实践）和知行并进的实践（如创新创业实践）等三大块项目，通过实践项目的实施，突出敬业、诚信、协作、创新的工匠精神培育，深化高职学生的情感认同与理论认同，增强他们信真理、靠实干、会创新的意识与能力，解决实践教学的规范、到位与实效提高的问题。

协同育人，就是借助合力促进学生的成才发展。协同育人以思政课教学为主阵地，发挥校内学生管理部门和学生理论社团的作用，让思政课教师主动融入学生日常思政教育，并借助兄弟院校以及政府、企业、科研馆所、社会团体的资源，通过项目合作、社会服务、建立企业德育奖学金等举措，形成思政教师与专业教师、学生学习活动与课外活动、校内与校外及校企之间协同育人的合力，形成大思政的格局，进而提高思政课教学质量，并带动教师教学科研水平的全面提升。

第二节 "知行结合、协同育人"思政课教学模式的实施

按照总体设计思路,"知行结合、协同育人"思政课教学模式的实施主要通过四个路径进行,即通过知行结合,实现思政课理论教学与实践教学的协同育人;通过挖掘校内德育资源,实现系部团学之间的协同育人;通过充分挖掘高职院校德育资源,实现校际的协同育人;通过项目合作与社会服务,实现政校馆企之间的协同育人。

一、"知行结合、协同育人"模式下思政课理论教学的实施

(一)转换教学思维,更新教学理念

要求教师将文科教学的优势与理工科教学的优势有机结合,并转换为文理结合的教学思维,确立"成就学生"的德育理念。

成就学生,就是指思政课教学要按照立德树人的目标,一切为了成就学生的成才发展。因而要主动适应产教融合的要求,融入到产业发展的实践与职业发展的要求之中,将理论教学与实践教学融为一体;要自觉形成问题意识、精讲意识与服务意识,重视职业素养培养与企业文化的融合,注重思政课实践教学与实训教育、德性培育与能力培养的结合,不仅要重视技术理性与技术逻辑能力的开发,更要重视基本德性素质的培养。这就要求思政课教师在产教融合的氛围中走出课堂,走向社会,走进企业,走近学生,学会通过整合校内校外的德育资源助力思政课教学,让学生在产教融合的氛围中学习和体验科学理论,强化自身走向社会的职业素养。

(二)吃透教材精神,转换教学体系

如何将教材体系转换为教学体系是思政课教学能否受学生欢迎的关键问题。在教学中,正是这个转换没做好,才使得思政课教学出现两种现象:要么是照本宣科,不做必要的解释,因为授课教师怕解释不好,或者是自己也没完全搞懂;要么偏离教材,按照自己的理解讲课,不能真正说清科学理论的实质。这自然会让学生觉得思政课没意思。因为学生是来学理论、学知识的,而授课教师却没有真正把课程的

知识点和重点告诉学生，或虽然告诉了学生但由于没讲透导致学生还是不明白，当然学生对教师的课程教学就不喜欢了。正如有的学生所说，虽然政治理论课很抽象，但也不是一点都不喜欢，还是要看教师讲得如何。可见，能否让学生喜欢思政课，一方面要看教师将教材体系转换为教学体系的本事，另一方面则取决于教师对理论观点诠释的内容与方法的整合能力以及其语言表达能力。当然，还有一个重要前提，就是教师自己对科学理论的信仰，如果授课教师自己的人生态度都不端正，本身都缺乏正能量，又怎么能给学生输送正能量呢？

将教材体系转换为合情合理的教学体系，必须体现"要精、要管用"的原则，努力形成理论教学精练管用、实践教学促进素质提高的教学体系。我们的做法是：将理论教学与实践教学融为一体，理论教学强调体系化、微课化，实践教学则推出课程化、项目化，使二者形成教学协同效应。

一方面要按照教育部的要求，将实践教学学时整合，独立开设德育实践课程；同时将实践内容分解成若干个实践项目，结合理论教学组织，以加深对理论观点的理解。另一方面是理论教学要做好教材体系向教学体系转化的工作，这关键是通过把握每门课每个章节的逻辑主线来吃透教材精神，而逻辑主线的把握又应主要抓住每门课每个章节要解决的问题。因为，任何学科任何课程都有自己的知识体系，而知识体系又是由学科问题或现实问题引发的，只有抓住课程的问题与目标，才能发现教材编写者所要表达的逻辑主线。顺着这条主线，就能找出每个章节的知识点、重点和难点。

1. 一个宗旨

一个宗旨强调的是思政课教学的出发点和立足点要明确，这就是说思政课教学要贯穿"培育和践行社会主义核心价值观"的宗旨。也就是说，高职院校思政课教学不能忘记这个初心，就是要用社会主义核心价值观的正能量为当代大学生铸魂。如果忘记了这个初心和宗旨，思政课教学就会变味走调，思政课也就不是思政课了。

2. 三条主线

三条主线指的是高职高专的三门思政课主干课程要分别贯穿"用社会主义核心价值观增强思想道德与法律素养"、"用中国化马克思主义理论实现社会主义中国梦"和"从世界形势与格局的变化看中国的走向"，强调的是教师要理解和把握每门思政课要解决的问题以及要把握的基本线索。具体来说，"思想道德修养与法律基础"课的教学要始终贯穿"用社会主义核心价值观增强思想道德与法律素养"这条主线，换言之，这门课说的就是这个道理，要解决的也就是信息化时代的高职院校学生如何成才、如何发展的问题。通俗一点说，就是要引导学生明白一个基本道理：在当代中国，大学生要实现自己的成才发展，就必须用社会主义核心价值观来提升思想道德与法律素养，就必须用社会主义核心价值观的正能量为自己铸魂。

3. 五个目标

五个基本目标就是思政课教学要引导学生实现：确立信真理、靠实干的基本信念，确立报国为民的基本人生态度，确立德治与法治结合的基本意识，培育上进心、责任心（社会责任感）、荣辱心、关爱心、感恩心等五种基本德性素养，以及运用马克思主义理论分析解决问题的基本技能。之所以要引导学生确立这五个基本目标，是因为大学生的成才发展必须解决好目标选择、时空定位、人生动力、风险排解以及基本技能等五个人生必须面临的现实问题，而解决这五个问题就必须培育与确立人的基本信念、基本人生态度、基本思想意识、基本德行素养及基本技能。高职院校的三门主干思政课程主要从理论上帮助学生明白基本道理，掌握实现这五个目标的基本方法。从表面上看，这五个方面的内容，体现在"思想道德修养与法律基础"课的内容最多，但实际上在"毛泽东思想和中国特色社会主义理论体系概论"课和"形势与政策"课中同样存在。比如，理想信念问题、务实为民的立场与精髓等，在"毛泽东思想和中国特色社会主义理论体系概论"课和"形势与政策"课中同样很具体、很鲜活，关键是看教师如何梳理、如何整合。

4. 一个落脚点

落脚点指的是三门课程三条教学主线融汇统一，这在于：引导高职院校学生确立为人民服务的人生价值观，塑造乐观、自信、高雅、实干的高职院校大学生形象，强化高职院校学生的职业礼仪素养与团队精神，增强他们在职业发展中的自信心、责任心与奉献心，引导学生学会互助互爱、合作共事，进而坚定对中国特色社会主义事业的信心，并积极投身到实现中国梦的伟大事业中。

（三）整合教学内容，找出逻辑联系

根据每门教材的主要内容，先找出每门课程各章之间的逻辑联系，整合成全书的逻辑主线，再将各章节内容按照教材的逻辑梳理出各章的逻辑主线，并分解成若干个微课节段。

（四）创新教学方法，创建微信学堂

产教融合强调"教、学、做"一体化，为此，我们针对思政课教学的特点，努力提升教师的教学整合能力、信息技术应用能力和总结提炼能力，在吃透教材精神、整合教学内容的基础上，要求教师精讲多练，每一章突出讲授重点、难点与知识点。针对教学难点，思政教师还总结并推广了"四准"解惑教学法，强调要通过"抓准症结—找准思路—扣准切入—用准方法"四个环节来调动学生的课堂参与，达到解惑、排难、入脑的教学效果。为了让学生在网上也能学习，一些思政教师还成功开发了"思政课堂"微信小程序，将两门主干课程开发成精品网络课程，满足了学生网络学习的需要。

二、"知行结合、协同育人"模式下思政课实践教学的实施

（一）项目化、操作化推进思政课实践教学的实施

"知行结合、协同育人"的教学模式要求思政教师创新思政课的实践教学。具体来说，就是将思政课实践教学视为一个项目系统，根据教学内容及本校学生的特点，由思政部与学生处、团委设计若干实践项目，规定每个项目的学时，学生参加一个实践项目后根据参与效果进行登记认定。其中，必选项目包括日常表现及思政课教师组织的实践，选择项目可根据学生的专业及个人特长自主选择由高职院校有关部门或二级学院或班级组织的德育实践活动，包括参与科技创新、社会调查、课外读书、听讲座、党团活动、志愿服务、参观考察及校园文化建设、社团组织活动、担任学生干部以及公益活动和实践获奖加分等项目，涉及校外实践、校内实践及课内实践三种类型。

在学生完成实践项目后，要求学生按实践计划完成作业，写出实践报告。整个过程做到有方案，有要求；有任务，有检查；有落实，有监控，有质量保证。

（二）课程化、学时化推进思政课实践教学的实施

以项目化、体验化的方式组织实践教学较好地解决了学生参与积极性的问题，取得了明显配合理论教育的协同效应。但在实践中却发现存在零散、不系统的缺点，需要将其整合成课程，使之成为系统化的操作，而这时正好中宣部、教育部、团中央发文，提出要加强德育实践并独立开设德育实践课程。

课程化，就是将思政课教学总学时中的实践课学时独立出来计算实践学分，以独立开设德育实践课的形式将思政课实践教学课程化。学时化或计分化，就是将学生在校期间所有的德育实践以活动参与学时化的形式折算为学时，如平时表现只要

没有违纪现象，一个学期就记 3 ～ 5 个学时，优秀的则增加奖励学时；参加一项实践活动如公益服务，一般按照实际时间计算学时。新生进校后，发给每个学生德育实践操作记录本，根据学生参与的实践项目由学生干部记录基本学时，教师或辅导员监督，获得省、校奖励或表扬的可以增加奖励学时，当学生参与的项目学时数量达到 32 个学时的时候计算 2 个学分，超过的另行给予奖励。课程化、学时化的操作很好地解决了实践教学系统化操作的问题，对学生的日常行为起到了很好的示范、引领作用。

为促进学生积极参与德育实践，部分高职院校还组织编写了实践教材与实践大纲，制订了操作方案，整个过程做到有大纲、有教材、有学时、有学分。

（三）体验化推进思政课实践教学的实施

体验化推进思政课实践教学，即通过实践项目的参与，让学生得到体验感受，在寓教于乐中产生心灵感悟，获得精神提升。

体验式教学是遵循学生在高职院校期间所获得的全部教育性经验的课程理念，以情境体验、换位体验、情景模拟、户外拓展训练、社会实践等为主要形式，以个体主动参与、亲身体验为特征，以直接经验为主要课程内容所展开的教学活动。它是在学生的认知特点和规律的基础上，通过创造实际的或重复经历的情境和机会，还原教学内容，使学生在亲历过程中理解并建构知识、发展能力、产生情感、生成意义的教学观和教学形式。

体验教育的理论渊源，可以追溯到卢梭、杜威等人的教育思想。其中，杜威的"从做中学"理论可以说是体验教育的最直接、最重要的理论来源。[①] 他将知识的获得与生活的过程结合起来，认为最好的教育就是"从做中学"，即"从生活中学，从经验中学"。因此，高职院校的思政课教学理应注重体验式教学，使学生在亲身经历和真实感受中认知和感悟自我、社会、人生，总结经验和教训，逐步成长、成人、成才。

思政课体验式实践教学的形式主要有以下几种：一是情境体验。在思政课的实践教学过程中，教师通过有目的地引入或创设具有一定情绪色彩的以形象为主体的生动具体的场景，以引起学生一定的态度体验，从而帮助学生理解教材，并使学生的心理机能得到发展，它的主要目的在于激发学生的情感。二是换位体验。在思政课的实践教学过程中，可针对社会上一些典型现象，通过对人物的换位体验，激发学生的情感内驱，生成对人物心理的深层次理解，从而使学生更为深刻地理解产生

① 约翰·杜威. 学校与社会·明日之学校 [M]. 赵祥麟，译. 北京：人民教育出版社，2005.

这一现象的思想根源，发掘现象本质。三是情景模拟。主要通过对热点事件或事物发生与发展的环境、过程进行模拟再现，让学生在所设情景中去发现问题、解决问题，从而理解教学内容，进而在短时间内提高自己的认知能力。四是户外拓展训练。结合思政课教学活动，通过一定的环节，以具体的项目为依托，提升和强化学生的心理素质，增强团队合作精神，培育积极进取的人生态度。五是社会考察与公益服务。主要是组织学生了解社会、认识国情、增长才干、奉献社会，锻炼毅力、培养品格。

组织体验式的实践教学一定要重视实践项目的载体选择。根据建构主义的学习理论，知识是学习者在与情境交互作用的过程中通过自己的建构得到的。因此，要提供与"现实生产场景"交互作用的经历，才能在这一过程中通过"判断、理解"来完成对知识、技能的意义建构。这一理论启示我们，思政课实践教学在运作中必须重视实践项目的选择。这是因为，思政课实践教学不同于专业课程的实践教学，后者的技能操作性强，只有通过动手操作才能获得，而思政课实践教学则具有较强的现实性和变化性，与社会热点及人们的思想困惑直接相关。这一特点决定了思政课实践教学的任务不是某种操作技能的掌握，而是让学生在实践中领悟和内化对与社会、人生的认识有关的思想观念，完成德性、品质的修炼，从而逐步实现自身人格魅力的提升。对学生来说，参与实践主要是置身于一定的情境（包括虚拟与实战的情境）中去观察，去思考，去总结，去体悟。这就要求教师根据内容的变化去选择和设计实践项目，也使得实践场地的选择不可能像专业课那样，一个实验室或一个实习工厂或一个农场就可以搞定。在实际操作中，情境感受型的实践载体、情境体验型或情境提升型的实践载体由于体现了情境交互的作用，符合建构主义的学习原理，因而是值得选择的，关键在于从专业与学生的特点出发来做出相应的具体选择。

（四）一体化、品牌化推进思政课实践教学的实施

按照大德育、一体化的思想，采取思政课实践教学一体化、品牌化的方式实施。大德育、一体化，就是在发挥思政课主渠道、主阵地作用的基础上，充分发挥二级学院党团组织、学生管理部门及辅导员和学生骨干的作用，形成大德育、大思政的格局。具体操作上，主要是将思政课实践教学与学生在校期间参与的德育实践合为一体，形成全程化方案，如学生平时表现、担任学生干部，参加集体劳动、社会公益活动、党团活动，参加社团活动、校园文化建设以及创新活动等均计入实践学时。这就与学生的日常管理、平时的思想政治教育融为一体，有利于大思政格局的形成。

在通过实践教学与学生处、团委及二级学院开展协同育人的同时,思政部也应注意发挥思政课教师在德育实践课中的主导作用。首先是思政部应独立组织具有自身特色的活动,使之成为自己的品牌活动。如全面推行礼仪训练,重点组织素质拓展活动,目的是提升学生的职业道德素养与团队合作精神,这是企业对思政课教学普遍提出的要求,也是对学生的希望。对这类实践活动,由思政部设计操作方案、具体组织实施,并让关工委、学生处、团委和二级学院参与。从某高职院校思政部连续四年组织的效果看,学生一开始由于对活动不了解,最初的参与积极性不高,但一旦参与后,都觉得这些实践活动有助于自身综合素质的提高,都表现出很高的参与积极性,感悟体验也多。对学生处、团委,包括图书馆组织的学生活动,思政部教师也应主动参与配合。

三、素质拓展在思政课实践教学中的应用

(一)素质拓展的内涵与特点

素质拓展又称素质拓展训练,是一种以提高心理素质为主要目的,兼具体能和实践的综合素质教育活动。

1. 过程体验性

素质拓展训练是一种以运动为依托、以培训为方式、以感悟为目的的体验式学习方式,拓展训练项目以培养合作意识与进取精神为宗旨,崇尚自然与环保。利用崇山峻岭、湖海大川等自然环境,通过创意独特的情境设置,模拟展现出现实生活和职业发展中可能会遇到的困难与矛盾,让学生从中体验所感受的各种情绪和心理,再经过由感性到理性的感悟,琢磨出其中蕴含的人生哲理,从而使自己的思想道德境界得到提升。

2. 活动趣味性

素质拓展训练通常以游戏活动或运动的形式将哲理性、知识性、趣味性、参与性融为一体,活动一般安排在户外,通过精心设置一系列新颖、刺激的情景,让学生在游戏或运动中通过特定的环境与问题去思考、去体会、去解决。在体验参与过程中,学生的心理受到挑战、思想得到启发,从而对个人、团队重新认识,重新定位。由于这种游戏活动能使学生在愉快的参与中学习到课堂上不容易接受的知识,而这与大学生喜欢玩、喜欢参与游戏的心理非常吻合,因而非常受学生的欢迎。

3. 知行合一性

传统的思政课教学主要在课堂进行思想道德教育,虽然也能揭示一些人生哲理,但缺乏学生自身的体验,或者需要学生在今后的职业发展与人生实践中去慢慢体悟,因而其效果来得缓慢,是一种典型的"先知后行"的教育活动。素质拓展训练是一种"边行边知""先行后知"的实践教育,学生在活动参与中能很快产生人生哲理的顿悟,这充分体现了这种活动知行合一的特点。

4. 效果综合性

素质拓展训练对高职学生的德育效果是综合性的。在活动中,每个学生设身处地,亲力亲为,共同分担,团队协作。素质训练不仅能激发参与者的集体意识,增强团队活力、创造力和凝聚力,达到提升团队战斗力的目的,而且能激发学生个人的责任意识、合作意识、创新意识、沟通意识、进取意识、规范意识、务实意识和诚信意识,因而是一种全方位的德育训练。这对于改善思想政治理论课的课堂效果,提升学生的思想道德素养起到了重要的作用。

(二)思政课应用素质拓展提升高职学生职业素养的功能

1. 立德功能

良好的团队精神和积极进取的人生态度,是现代人应有的基本素质,也是现代人人格特质的两大核心内涵。在现代社会,人类的智慧和技能只有在这种人格力量的驾驭下,才会迸发出耀眼的光芒。素质拓展训练突出良好团队精神和积极进取的人生态度的培育,有助于增强自信,克服心理惰性,培养乐观的心态和坚强的意志,磨炼战胜困难的毅力;也能使学生增强团队意识,认识到团队的作用,增进对集体的参与意识与责任心,学会关爱他人,学会感恩,懂得回报,更为融洽地与团队合作,而这就抓住了立德树人的关键问题。

2. 激励功能

素质拓展训练展现出个人自我管理与团体互助合作的精神,因而能激发学生的个人潜能,树立相互配合、相互支持的团队精神,极大地增强合作意识,达到提高学生心理素质的目的。因此,这种培训方式成为学生学习生活经验,体验社会教育,形成正确的人际关系、情感和社会价值观等教育目标的一个重要途径,是大学生素质教育中不可缺少的一项内容。

3. 启智功能

素质拓展训练的启智功能主要体现在启发学生的想象力与创造力,提高组织实施能力和沟通协调能力，提高沟通交流的主动性和技巧性，学会与他人进行有效沟通，也能提高团队和个体克服困难的能力，培养团队协作能力等多方面。比如，在素质拓展训练中有一类项目是要求学生在一定的时空范围内完成规定的任务，这就要求参与者学会与团队成员进行沟通，倾听别人的想法，阐述自己的观点，充分发挥自己的聪明才智，在思想的相互碰撞中，最终形成一致的团队意见。归根结底，是要学会在看似杂乱中找出规律，以积极开拓的姿态去战胜困难，提高解决问题的能力。

4. 规范功能

这是指素质拓展训练能规范学生的行为，养成遵守游戏规则的良好习惯。同任何工作都要讲规矩、守规则一样，任何活动都有自己的时空范围，都要受到某些时空条件与资源条件的限制，因而就有相应的游戏规则。但许多学生在就业前并不会意识到这些，因而存在组织纪律意识较差、行为规范缺失的问题。通过参与素质拓展，参与者意识到，要在规定的时空条件与资源条件的约束下完成相应的任务，实现相应的目标，这与今后的职业发展是一回事。一旦明白这个道理，参与者就会自觉地把外在的约束力转化为个体自主自愿的需要，也才会自觉地融入到团体中去完成任务。

（三）应用素质拓展训练提升高职学生职业素养需要处理的关系

思政课实践教学应用素质拓展训练提升高职学生职业素养，必须处理好以下三个关系。

1. 处理好教学内容的针对性与活动过程的体验性的关系

思政课教学应用素质拓展训练提升高职学生职业素养，首先要让教师有一个清醒的职业模拟意识，使学生意识到，素质拓展表面上是在做游戏，但实际上是一个职业模拟活动。因此，游戏项目的选择或者说教学情境的设计既要符合教学内容的要求，有明确的针对性，又要通过活动让学生得到实实在在的体验。比如我们在"思想道德修养与法律基础"课中，素质拓展训练通常安排在价值观教育或道德观教育这两章中进行，让学生明白，所有的职业活动都是在社会关系中进行的，是依靠团队合作完成的，这有助于让学生理解为什么要树立为人民服务的价值观，有助于通过团队合作强化学生的集体主义精神。

2. 处理好活动实施过程中教师主导与学生参与主体的关系

素质拓展主要靠学生自己去参与，并在参与中体验生活的艰辛，感悟人生哲理。这个过程必须发挥学生的主体作用，让学生最大限度地发挥自己的主观能动性。因此，要让学生在参与后主动交流，主动总结，主动反馈，大胆说出自己的感悟，提升自己的认识。教师也不能让学生放任自流，而是要充分发挥教师在活动中的主导作用，注意启发，注意引导，注意提升，注意发现实施中的问题，并协助解决。尤其要引导学生将素质拓展训练按照教学内容的要求操作，达到实现教学目的的要求。

3. 处理好活动组织要因地制宜与注重实效的关系

思政课实践教学应用素质拓展训练，不同于企业的应用，也不同于高职院校团委组织的学生干部培训，必须围绕教学内容的要求来实施，充分体现思政课实践教学的特点。因此，在组织实施中，要注意提高活动的实效性，场地、器材的选取要体现一切从简的原则，采取因陋就简、灵活多变的方式进行，尽量在校园内开展，场地大小均可，室内室外兼顾，有些器材也可以自制。活动成效不在于花了多少钱，有多大的规模效应，一切应以注重实效为原则，以学生满意、有收获为尺度。

第三节　"知行结合、协同育人"模式下思政课教学方法的创新

高职院校思政课教学的生命力在于其理论魅力，表现为理论阐述具有说服力，能给人释疑解惑，给人鼓舞，给人正能量。但在教学中，思政课理论魅力的增强却受到教学难点的制约，这些难点有的是教材观点理解上的难点，有的则是来自现实生活中的思想困惑。能否破解教学难点与消除困惑，直接影响到思政课理论魅力的产生。

一、"四准"解惑法的内涵与特点

（一）"四准"解惑法的内涵

"四准"解惑法，是指高职院校思政课教学要根据教材提出的观点，抓住学生对观点理解上的疑难症结以及现实生活中出现的困惑，突出针对性，紧扣解惑性，深化学理性，通过"抓准症结、把准思路、找准切入、用准方法"四个环节，并辅之以教学互动等方式来调动学生的教学积极性，达到解惑、排难、入脑效果的教学

方法。

抓准症结，就是要紧紧抓住教学难点或困惑产生的症结所在，搞清问题的实质，就像中医看病要把准脉、找对病因一样。因为任何一个难点或思想困惑都是现实生活的反映，只有把人们产生思想困惑的症结即问题弄明白，才能理出清晰的教学思路，也才能为难点困惑的破解找到准确的切入点与突破口。

把准思路，是指破解教学难点要形成准确清晰、符合逻辑的教学思路，就像医生看病一样，治病的思路清晰明确，才能做到药到病除。否则，就可能出现好像摸到了边，却又没摸准病根的效果。同样，教学思路不清晰不准确，也会产生稀里糊涂的效果。

找准切入，是指破解教学中的难点困惑要准确找到问题的切入点，就像中医看病在开药方时要加点"药引"一样，这个"药引"就是教学的切入点，包括视频、案例等。切入点抓得准，就能顺藤摸瓜，引出问题，从而激发学生的兴趣。

用准方法，是指破解教学难点，要在理清教学思路的基础上，准确有效地运用最适合的教学方法或手段。"准确"，是说方式方法很多，但最有效的可能只有那么一两个。"有效"，不仅是指效率高，能直接命中目标，而且指省时省力省钱。就像医术高明、医德又好的医生一样，能吃药就尽量不打针，能少花钱就尽量少花钱，尽量为服务对象着想。

（二）"四准"解惑法的本质与特点

"四准"解惑法是建立在专题教学与互动教学基础上形成的教学方法，在本质上还是属于启发式的教学方法，重在逻辑分析与学理分析。其突出特点：鲜明的问题意识、独特的文理思维与明显的学理实效。

问题意识，是指"四准"解惑法特别强调在思政课教学中要有问题意识，搞清楚教材观点要表达的意思及要解决的问题，真正弄明白学生理解的障碍所在。

文理思维，是指"四准"解惑法特别重视文科思维与理工科思维的综合运用，善于借鉴理工科教学"单刀直入"、直奔问题的做法，又将文科教学中善于做展开式的细化分析与文学性阐述的长处发挥出来，使二者相得益彰。

学理实效，是指"四准"解惑法特别强调思政课教学要以理论做支撑，强调学理性是思政课教学的优势所在。因此，思政课教学不仅要有针对性和趣味性，更应充满学理性，具有解惑性和"一针见血"的实际效果，用科学理论的力量打动人心，吸引学生。

二、"四准"解惑法针对的问题及其理论基础

（一）"四准"解惑法针对的问题

"四准"解惑法主要是针对如何进一步增强高职院校思政课教学的理论魅力提出来的。它要解决的问题是如何通过转变教师的教学思维与方法来解决思政课教学中出现的"打不准"与"说不透"的问题，从而达到增强高职院校思政课教学理论魅力的效果。

目前，思政课教师的学科背景大部分是文科背景，大体上又可以分为两个类型：一类是历史学科出身，优点是历史感强，也擅长于用历史方法来观察、分析问题，但不少人由于哲学功底不足导致缺乏哲学视野，影响了分析问题的深度；另一类则是哲学学科（其中多数教师为伦理学背景）出身，优点是具有哲学思维与哲学视野，但对近代史不熟悉。高职院校思政课特别是"毛泽东思想和中国特色社会主义理论体系概论"课涉及的学科知识包括哲学、经济、政治、文化、社会等多个方面，自然使得思政课教师的理论功底难以应对多个学科背景的教学内容。此外，文科背景的出身还容易使教师形成文科性的教学思维，即擅长于展开式的细致分析与文学性的阐述，这种教学思维对于问题的展开有独到之处，但也容易因展开过度而走题。与理工科的教学思维相比，文科教学容易出现的问题是缺乏核心意识，抓不住中心，找不到破解教学难点的突破口，导致对问题的剖析不能准确到位。

提出"四准"解惑法，就是要使教师在增强理论功底的基础上，增强问题意识，形成文理结合的教学思维，以便准确地找到破解教学难点的突破口。

（二）"四准"解惑法的理论基础

马克思主义的认识论和我国中医学看病诊断的理论是"四准"解惑法提出的理论基础。马克思主义的认识论强调实践出真知，即任何理论都是来自生活，来自实践。既然理论来自生活，来自实践，在讲授理论观点时就要将其还原到生活中，搞清理论观点提出的实践背景，它所针对的问题以及它试图告诉我们的道理。正是由于这些问题没有弄明白，才会出现在理论教学上理解不准、讲授不透的问题。可见，在四个"准"字上着力，在"准确""彻底"上下功夫，才能使思政课教学产生质的提升效果。正如马克思所说："理论只要说服人，就能掌握群众；而理论只要彻底，就能说服人。所谓彻底，就是抓住事物的本质。"[①] 只有抓住了问题的要害，

---

① 中共中央马克思恩格斯列宁斯大林著作编译局. 马克思恩格斯选集：第 3 卷 [M]. 北京：人民出版社，2012.

搞清问题的症结与来龙去脉，才能把事物的本质分析清楚，也才能找到真正解决问题的办法。

这个原理与我国的中医看病诊断是一样的，中医诊断特别强调把准脉、找准病因、开准药，其实质也是强调要在"准确"上着力，在"彻底"上下功夫。比如，同样是感冒，有风热感冒与风寒感冒之分，二者产生的病因不同，用的药也不同，如果医生没搞准病因就开药，虽然有时也能产生一点效果，却难以从根本上解决问题。相反，病因抓准，用药也准，就能立马见效。这种病因诊断方法从思维上看，属于一种典型的理工思维。它的特点是：直奔问题，不回避矛盾，力求"一针见血"。这就启示我们，排解思政课教学中的疑难困惑，同样要找准病因，用准方法。

三、"四准"解惑法在高职院校思政课教学中的应用

（一）坚持问题直入原则

坚持问题直入原则，即在发挥传统文科教学思维优势的基础上，将其与直奔主题、注重实效的理工思维紧密结合，形成一种新的文理结合的教学思维，从而较好地解决思政课教学中"打不准"与"说不透"的难题。

（二）坚持问题导向原则

坚持问题导向原则，即要紧紧抓住难点困惑针对的问题所在，搞清楚排解这个困惑需要通过哪些知识点的讲授来解决，最终让学生明白什么道理，由此形成一个问题导向的讲课思路。

（三）坚持问题推理原则

坚持问题推理原则，就是要善于抓住问题的提示及逻辑上应有的思路，运用问题导引法与逻辑推理法，引导学生进行问题分析与推理，这就要求教师善于精细处理教材内容，善于进行理论提升，善于借鉴其他学科和课程进行推理分析的方法。

（四）坚持问题细化原则

坚持问题细化原则，如果说理工思维善于单刀直入、一针见血的话，那么，文科思维中善于做问题拓展、问题细化分析的做法就是思政课教师的强项了，而这一点恰恰也是思政课教师需要发挥的。问题细化分析主要体现在理论透彻诠释，这种透彻又在于观点表述的精辟性及内容的拓展与提升上。诠释就是对教材提出的知识点要进行通俗易懂、精辟合理的解释，对概念性的内容要抓住关键词对之分解和剖析，有的还要用实例说明。"拓展"，就是要善于运用数据、图表、文字实例或视

频来扩充教学内容，对教材观点进行必要的扩展。"提升"，就是要善于提炼与概括理论观点，直接指出问题的实质。无论是诠释还是拓展，都要善于找出其相互之间的逻辑联系，学会准确概括。尽量采用简明扼要的语言来表达教材思想，不说废话，以便腾出时间让学生参与，让学生思考与练习。

"四准"解惑法十分强调准确找到问题的切入点。同样讲一个问题，可以选择案例、视频或问题切入，但有的案例虽然也不错，却不一定最能说明问题，这就需要对之进行筛选。

"四准"解惑法还强调要准确运用案例、故事、视频等手段配合理论解惑，避免先下结论后说案例；主张在结论观点讲授前，先引用案例让学生思考和回答，通过启发学生，让他们自己得出结论性的观点，再由教师点评。在讲授过程中，对概念、理论的讲解，先设置问题引导学生思考和回答，待观点讲授结束后，教师再针对专题主题内容进行答疑，这样的教学效果比先下结论后说案例要好得多。

第六章 新时代高职院校思政育人教师素质提升

第一节 新时代高职院校思政育人教师形象的呈现

一、思想政治理论课教师素质的政治性

思想政治理论课教师素质的政治性是由思想政治理论课的性质、功能和重要地位所决定的。《教育部关于印发〈新时代高校思想政治理论课教学工作基本要求〉的通知》（教社科〔2018〕2号）指出，思想政治理论课承担着对大学生进行系统的马克思主义理论教育的任务，是巩固马克思主义在高校意识形态领域指导地位、坚持社会主义办学方向的重要阵地，是全面贯彻党的教育方针、落实立德树人根本任务的主干渠道和核心课程，是加强和改进高职院校思想政治工作、实现高等教育内涵式发展的灵魂课程。充分发挥思想政治理论课的作用，用马克思列宁主义、毛泽东思想和中国特色社会主义理论体系武装当代大学生，是党的教育方针的具体体现，是社会主义大学的本质特征，是党和国家事业长远发展的根本保证。

二、思想政治理论课教师素质的综合性

思想政治理论课教师素质的综合性是由思想政治理论课教育教学过程的复杂性、综合性所决定的。思想政治理论课是一组具有特殊定位、特定内涵、特定任务的课程。它把马克思主义基本原理应用于大学生思想政治教育的具体实践，以科学的世界观、方法论来分析回答大学生普遍关注的理论和现实问题。它充分吸收和借鉴哲学、经济学、历史学、政治学、伦理学、教育学、法学、心理学等相关学科，以及自然科学的理论与实践成果，构建具有中国特色、中国风格的思想政治理论教育教学体系。思想政治理论课的教育教学既要"传道""授业"，更要"解惑""释疑"。前者要求教师有扎实的马克思主义理论基础，并善于将理论体系转化为教学体系，能够把我们底气充足的中国特色社会主义道路、理论、制度、文化的特色和

优势讲清楚、说明白，让学生能够听得进、听得懂；后者则要求教师有鲜明而正确的政治立场及较高的教学水平和教学艺术，了解学生的学习特点，把握学生的思想脉搏，遵循教育教学规律，善于改革教学模式和方法、手段，创新话语体系和话语表达，提升话语能力和话语权威，进而增强教学的亲和力、吸引力、感染力和说服力。只有这样，才能使学生喜闻乐见、入脑入心。

三、思想政治理论课教师素质的时代性

思想政治理论课教师素质的时代性是由思想政治理论课教学内容的改革和教育对象的特点所决定的。一方面，思想政治理论课作为高等教育教学的重要组成部分，其课程设置和教学内容始终围绕党和国家在不同时期的中心工作及高等教育的根本目标而展开。另一方面，它与国际形势的深刻变化和我国社会经济、政治、文化、科技等各项事业的发展紧密相连，反映着不同时期的社会要求和理论创新，具有鲜明的时代特色。这是思想政治理论课的基本定位和价值所在。正是这种与时俱进的理论品格，推动了思想政治理论课的不断发展和优化，增强了教育教学的时代感和针对性，并始终受到党和国家的高度重视，成为大学生思想政治教育的主渠道。思想政治理论课的设置及内容的调整与改革，必然要求教师紧扣社会发展和时代变化，不断提升自身素质。

第二节　新时代高职院校思政育人教师素质的要求

一、正确的思想政治方向

众所周知，高职院校肩负着培养社会主义事业合格建设者和可靠接班人的历史重任。把坚定正确的思想政治方向放在育人工作的首位，是高职院校一切工作的灵魂，也是衡量高职院校教育水平和学生培养质量的一个根本标准。

思想政治理论课作为一门思想性和政治性很强的学科，是对大学生进行思想政治教育的主渠道，体现了社会主义大学的本质要求。思想政治理论课教师作为课程教育教学的具体实施者，是大学生健康成长的指导者和引路人。教师的思想政治素质如何，直接影响着学生的政治立场、政治观念、政治信仰和人生的价值取向。因此，坚定正确的思想政治方向是思想政治理论课教师首要的、基本的素质要求，也是对学生有效开展思想政治教育的根本条件。一个思想认识模糊、政治立场不清、

政治观念混乱、政治信仰迷茫的教师，是不可能对学生进行正确和有效的思想政治教育的。

思想政治理论课教师坚定正确的思想政治方向，主要体现为四个方面的要求：

一是坚定马克思主义信仰。马克思主义是我们立党立国的根本指导思想，是全党全国人民团结奋斗的共同思想基础。思想政治理论课教师要认真学习和掌握马克思列宁主义、中国特色社会主义理论体系，并使之成为自己的精神支柱和政治信仰，牢固树立正确的世界观、人生观和价值观，自觉抵制各种错误思潮和腐朽思想文化的侵蚀，坚持用科学的理论武装当代大学生。

二是坚持社会主义的政治方向。思想政治理论课教师要牢固确立在中国共产党领导下走中国特色社会主义道路、实现中华民族伟大复兴中国梦的理想信念；拥护党和国家的路线、方针、政策，在政治上、思想上、行动上同党中央保持高度一致，在大是大非问题上立场坚定，旗帜鲜明；正确认识社会发展规律，时刻关心国家大事，积极参加社会实践，深入实际，了解国情。

三是忠于党的事业的政治品质。思想政治理论课教师的政治品质就是拥护中国共产党领导，拥护社会主义，热爱祖国，热爱人民；坚持真理，服从真理，光明磊落，言行一致，具有廉洁奉公、公正无私的奉献精神。

四是具有较高的政治水平和政策水平。前者包括政治鉴别力、政治敏锐性以及善于从实际出发，有针对性地进行思想政治教育的能力。后者则主要是指认识、理解、掌握和善于运用党的方针、政策，以及我国宪法和有关法律法规，正确区分政治问题和学术问题、思想意识问题和思想认识问题等，从而有效地开展思想政治理论课教育教学的水平。

总之，思想政治理论课教师只有具备过硬的思想政治素质，才能有正确的政治立场和政治方向，才能对马克思主义真学、真信、真教、真用，真正担负起马克思主义理论的宣讲者、社会主义意识形态和精神文明的传播者、大学生健康成长的指导者和引路人的使命和职责。

二、良好的职业道德修养

思想政治理论课教师作为塑造大学生思想灵魂的工程师，不仅要坚定正确的政治方向，还应具有高尚的道德品质和良好的职业道德修养。这是由教师职业的性质及思想政治理论课的内容和特点所决定的。所谓"育人先育己，育己先育德"，良好的职业道德修养不仅以其特殊的伦理价值成为思想政治理论课教师不可或缺的基本素质，而且是推动教师不断进行教育教学改革、努力提高教育教学水平的重要保证。它既是一种无声胜有声的教育力量，对学生心灵的影响是任何语言符号和制度都不能取代的；又是一种令人肃然起敬的人格魅力，对拉近师生双方的心理距离，赢得学生的尊重和支持，进而增强教育教学的亲和力、吸引力和感染力，提高教育教学的实际效果，具有十分重要的作用。

没有良好的职业道德修养，就不可能产生真正意义上的教育。所谓职业道德修养，是从事各种职业活动的人员，按照职业道德的基本原则和规范，在职业活动中所进行的自我教育、自我改造、自我完善，从而使自己形成良好的职业道德品质和达到一定的职业道德境界。职业道德修养最终是以职业责任感、事业心和积极性的外化程度表现出来的。对于思想政治理论课教师来说，主要体现在以下三个方面：

一是正确的职业理想。思想政治理论课教师应当忠诚于人民的教育事业，对所从事的思想政治理论课教育教学具有正确的职业认知，以及强烈的职业荣誉感、历史使命感和社会责任感，以对大学生进行系统的马克思主义理论教育、传播社会主义核心价值观、培养中国特色社会主义事业合格建设者和接班人作为自己的神圣职责和实现自身人生价值的最高体现。能够正确处理个人与社会的关系，反对拜金主义、享乐主义和极端个人主义，把本职工作、个人理想与大学生的健康成长和祖国的繁荣富强紧密联系在一起。

二是良好的职业态度。具体表现为：对待教育事业忠诚踏实，为人师表，依法执教，积极进取，乐于奉献；对待学生能够确立以人为本的教育理念，关心学生的健康成长，热爱学生，尊重学生，言传身教，诲人不倦，公平公正对待学生，认真负责地要求学生；对待其他教师能够做到相互尊重，团结协作，公平竞争，共同发展；对待教学、科研及学术交流能够倡导实事求是的科学态度和严谨自律的工作作风，既勇于探索、大胆创造，又严细求实、精益求精，力戒浮躁和急功近利，坚决反对在学术活动中弄虚作假、抄袭剽窃等违背学术规范、侵占他人劳动成果的不端行为。

三是强烈的事业追求。作为思想政治理论课教师，要始终坚持社会主义教育方向，全面贯彻党的教育方针，努力推进素质教育，以对事业、人民和社会的高度责任感，模范遵守教师职业道德规范，积极开展教学改革与科学研究，不断提高自身政治素质和业务水平；以大学生健康成长成才为目标，以提高教育教学质量为己任，志存高远，敬业乐业，严谨治学，锐意创新，以身作则，教书育人，以自己良好的思想和道德风范去感染和影响学生，以出色的教研能力和丰硕的学术成果去教育和培养学生。

三、先进的教育教学理念

"理念"是人们对某种事物的观点、看法和信念。教育教学理念则是对教育教学活动内在规律的认识的集中体现，也是师生对教育教学活动的看法和持有的基本态度和观念，是师生进行教育教学活动的信念。只要有教育教学行为发生，就一定有教育教学理念在起作用。教育教学行为受教育教学理念的支配，有什么样的教育教学理念，就会产生什么样的教育教学行为。因此，教育教学理念是教师从事教育教学活动的指导思想和行动指南。教育教学理念一旦形成，就会成为相对稳定的精神力量，影响着教师如何看待教育教学的真正意义、如何认识教师与学生的互动关系、如何处理教育教学中的各种矛盾等，由此也影响着教师的教育教学行为和教育教学效果。与高职院校其他课程不同，思想政治理论课所具有的特定定位、特定内涵和特定任务，决定了它主要解决的是大学生的理想信念和世界观、人生观、价值观问题，而不是一般的知识传授和灌输问题。这就要求思想政治理论课教师在具备良好的思想政治素质和职业道德修养的前提下，懂得教育教学活动的规律，了解大学生的思想实际和成长需要，树立以人为本、民主平等、师生和谐、科学发展等现代教育教学的思想观念，以此指导自身的教育教学工作。

以人为本是一个古老而又颇具现实意义的命题。其基本含义简要来说就是：它是一种对人在社会历史发展中的主体作用与地位的肯定，强调人是社会历史发展的主体，又是社会发展的目的；它是一种价值取向，强调尊重人、解放人、依靠人和为了人；它是一种思维方式，就是在分析和解决一切问题时，既要坚持历史的尺度，也要坚持人的尺度。以人为本既是历史唯物主义的一项基本原则，也是思想政治教育的一个重要理念。思想政治工作说到底是做人的工作，必须坚持以人为本，既要坚持教育人、引导人、鼓舞人、鞭策人，又要做到尊重人、理解人、关心人、帮助人。对于思想政治理论课教育教学来说，以人为本，就是坚持以学生为本，把服务于学生的健康成长和全面发展作为思想政治理论教育的根本价值取向，把提高教育教学的实际效果、回答和解决学生在成长成才过程中的实际问题作为出发点和落脚点。为此，思想政治理论课教育教学不仅要研究社会主义大学对学生成为合格人才的期望和要求，还要深入了解学生自身成长的愿望和需要。只有当课程内容体系和教学方式方法均符合学生的思想实际和成长需要时，思想政治理论课才能为大学生所认同；只有当学生深刻认识并深切感受到树立科学的世界观、人生观、价值观为自己成长、发展所必需时，思想政治理论课才能被大学生所接受；只有当教师真正从学生未来发展的角度出发，并在教育教学过程中充分地尊重他们、关心他们，深入了解他们在学习、成才、择业、交友、健康、生活等各方面的需要、困惑和追求时，才能有效地激发出他们的学习兴趣，取得良好的教育教学效果。

长期以来，思想政治理论课坚持"以教师为中心"的思想观念，在教育教学中往往居高临下，"我讲你听、我打你通"，过分强调理论知识的灌输和教师的主导作用，而忽视学生在理论学习和自我教育中的主体地位。这在一定程度上不仅扼杀了学生的主体意识、参与意识和独立思考能力，抑制了学生的学习积极性、主动性和能动性，而且影响了和谐、互动的师生关系的形成，使思想政治理论课及其任课教师在学生心目中缺乏亲和力和吸引力，最终妨碍了教育教学效果的实现。要切实改变这一状况，使思想政治理论课真正成为大学生真心喜爱、终身受益的课程，思想政治理论课教师就要摒弃"以教师为中心"的教育理念和"一言堂"的教学方式；注重营造宽松、民主、信任的教育教学氛围，建立平等、和谐、互动的师生关系，激发并尊重大学生的学习兴趣和主体意识。同时，教育教学内容和方式方法要努力贴近实际、贴近生活，符合教育教学规律和学生学习特点，提倡案例式、参与式、研究式教学，以通俗易懂的语言、生动鲜活的事例、新颖活泼的形式，活跃教学气氛，启发学生思考，从而使教师的指导作用和学生的能动作用相辅相成、相得益彰。

此外，现代教育的思想观念认为，教给学生知识只是促进学生发展的手段，而不是最终目的。要促进学生的发展，不仅指眼前的发展，更指未来的可持续发展。因此，思想政治理论课教师要树立面向未来的教育教学理念，不仅帮助学生掌握马克思主义和中国特色社会主义理论体系的基本原理，更要指导学生学会运用马克思主义的基本观点和方法去认识和分析现实问题，使他们面对错综复杂的国际形势和在改革开放的环境下有正确的政治方向和迎接挑战的能力。

四、深厚的业务理论功底

教师的主要职责是通过系统的知识、技能传授达到培养一代人的目的。具有扎实、深厚的业务理论功底，是教育教学活动取得成功的重要基础，也是教师必备的基本素质之一。面对世界范围内各种文化思潮交流交融交锋更加频繁、社会思想意识更加多元多样多变，如何发挥正能量，增强对重大理论和现实问题的阐释力，在多元中确立主导，如何运用马克思主义的立场、观点、方法，在多样中求得共识，是对思想政治理论课提出的新挑战和新要求，也是思想政治理论课教师素质提升的重要任务。

思想政治理论课教师应具有扎实、深厚的业务理论功底，其内容应当包括以下三个方面：

其一，系统的马克思主义基本理论。马克思主义基本理论既是思想政治理论课的学科基础，也是对大学生进行思想政治教育的重要内容。因此，思想政治理论课教师的马克思主义理论修养如何，直接影响着思想政治理论课教育教学的客观效果。这就要求思想政治理论课教师不仅具有马克思主义的科学信仰，而且必须全面、深刻地把握马克思主义的科学理论。马克思主义理论是一个内容极其丰富而又不断发展、与时俱进的理论体系。思想政治理论课教师除了要掌握马克思主义哲学、政治经济学、科学社会主义等基本理论外，还应着重学习和掌握毛泽东思想和中国特色社会主义理论体系，认真学习、研究马克思主义发展史。一个对马克思主义一知半解、缺乏系统的马克思主义基本理论功底的教师，即使拥有其他多方面的知识，也不能完整、准确地向学生传播马克思主义。

其二，扎实的思想政治教育专业知识。思想政治理论课作为大学生思想政治教育的主渠道，其教育教学活动不仅具有鲜明的政治性、思想性，而且是一项专业性、实践性很强的工作。思想政治理论课教师掌握丰富、扎实的思想政治教育学科专业知识，有利于提高自身的业务能力和专业水平，进而增强思想政治理论课教育教学的说服力和实效性。思想政治教育学科专业知识主要包括中国共产党思想政治教育史、思想政治教育学原理、思想政治教育方法论、比较思想政治教育等专业知识。

其三，广博的相关学科专业知识。思想政治理论课是一门多学科交叉的综合性、应用性学科。它广泛吸收和借鉴哲学社会科学和自然科学的相关知识，不断丰富、充实和完善自身的课程内容体系。适应这一特点和趋势，思想政治理论课教师除了要熟练掌握思想政治教育学科的专业知识外，还应注重扩大知识领域，调整和优化自己的知识结构，熟悉与思想政治教育密切联系的相关学科知识，如教育学、心理学、伦理学、政治学、历史学、社会学、经济学、法学、美学等。此外，随着科学技术的日新月异，思想政治理论课教师要了解现代科学研究的新进展、新成果，能够熟练地运用现代教育技术手段，并具有一定的自然科学和网络信息技术知识。总之，学习和掌握相关学科知识，进一步拓宽知识视野，不仅有利于思想政治理论课教师在教育教学中做到旁征博引、融会贯通，提升教育教学内容的广度和深度，激发学生的学习兴趣和求知欲望，而且能使思想政治理论课教师更好地把握教育教学的内在规律及大学生的心理特点和思想动态，从而增强教育教学的针对性和艺术性。

五、较强的教学科研能力

教育教学活动是一项富有创造性的劳动，也是一门艺术。要高质量地开展教育教学活动，就要充分发挥教师的积极性和创造性。这里，"积极性"体现的是教师良好的职业道德修养，"创造性"则反映了教师较强的业务能力素质，教学能力和科研能力便是其中的核心内容。

（一）教学能力

教学能力是教师完成教学计划、实现教学目的、取得教学成效所具有的能力。教学能力的高低是衡量高职院校教师业务素质的最基本的指标，直接影响着教师的教学行为与教育质量，也是教师职业化的显著特征。面对新的形势和要求，思想政治理论课要真正成为大学生喜爱、终身受益的课程，必须着力提高思想政治理论课教师的教学能力。教学能力是由多种单项能力构成的有机整体，具有整体性、开放性和发展性等特点。思想政治理论课教师的教学能力可概括为教学认知能力、教学操作能力、教学监控能力和教学创新能力。

教学认知能力是指思想政治理论课教师对教学目标、教学内容、教学对象以及教学情境的认识、理解和分析、判断能力。主要表现为：认识、把握思想政治理论课的性质、任务的能力；研究、理解思想政治理论课的内容体系及教学要求的能力；将思想政治理论课教材体系转化为教学体系的能力；对学生的个性特点和思想状况进行分析、评价的能力；对思想政治理论课面临的客观环境和形势的认知、判断能力；等等。在教学能力结构中，教学认知能力是基础，它直接影响着教师教学准备的水平和教学方案设计的质量。

教学操作能力是指思想政治理论课教师为了实现课程教学目标，具体而有效地实施教育教学活动、解决教学问题的能力。主要表现为：教学方案的设计能力；教学内容的驾驭能力；课堂教学的组织、管理能力；教学方法、手段的选择、运用能力；对教学情境的应变与调控能力；语言表达和非语言表达能力；等等。

教学监控能力是指思想政治理论课教师为了保证教育教学活动的顺利进行，达到预期的教育教学目标，在思想政治理论课教育教学的全过程中，将教育教学活动本身作为意识的对象，不断地对其进行积极主动的规划、检查、评价、反馈、控制和调节的能力。这种能力是思想政治理论课教师教学能力结构中最高级的成分，它不仅是教育教学活动的控制执行者，而且是教学能力发展的内在机制。

思想政治理论课教育教学不是机械地进行知识性的传授，而是以知识性和科学性为前提和载体，对大学生进行思想政治教育，帮助和引导学生树立崇高的理想信念和正确的世界观、人生观、价值观。这就要求思想政治理论课教师具有较强的教学创新能力。这种能力是指思想政治理论课教师在教育教学活动中，顺应时代变化和社会发展的要求，遵循教育教学规律，联系学生的思想实际，运用自己的智慧，创造性地提出问题、分析问题和解决问题的能力。具体表现为：突破旧的教育教学观念，开拓新的教育教学思路；探索新的教学方法、手段，设计新的教育教学方案；建立学科之间新的联系，发现新的教育教学规律；等等。

（二）科研能力

科研能力是指一个人在其所从事的专业领域中，以科学的思维和适当的方法发现问题、认识问题和解决问题的能力。传统的教育观念认为，教师的职责就是传道、授业、解惑，然而，在现代化、信息化、全球化的当代，教师仅仅满足于传道、授业、解惑显然已远远不够，还必须探索面向时代发展的重大理论与实践问题，从"教书匠"的角色中走出来，成为科研型的教师，具备高水平的科研能力和科研成果。对于思想政治理论课教师来说，较强的科研能力尤为重要。这是由马克思主义及其中国化的理论发展、国际国内形势深刻变化以及当代大学生教育特点等所决定的。它对于提高思想政治理论课教师的素质和水平，形成教学与科研相互促进的良性循环，增强思想政治理论课教育教学的吸引力、说服力和有效性，以及加强思想政治理论课的学科建设等，均有十分重要的意义。

思想政治理论课教师的科研就是站在人类文化发展的高度，立足时代发展的前沿，结合社会经济、政治、文化、科技、教育发展的实际，不断吸收新的教育思想和信息，创新马克思主义理论和思想政治教育的内容和方式方法。从思想政治理论课研究的范围来看，不仅要注重理论研究，而且要注重教育教学研究。同时，对大学生普遍关注的热点、难点问题，要下大功夫加以研究和回答，并在研究和回答学生关注的热点、难点问题的过程中提高教师的科研能力和教学水平，展示思想政治理论教育的强大魅力，开拓高职院校思想政治理论课教育教学的新局面。

思想政治理论课教师的科研能力主要包括社会调查能力、信息处理能力、逻辑分析能力、归纳演绎能力、批判质疑能力、求异创新能力等。

第三节　新时代高职院校思政育人教师素质的提升策略

一、提高思想认识，理顺思想政治理论课教师的管理体制

高职院校对大学生进行思想政治理论教育，是党的教育方针和社会主义大学本质特征的具体体现。全面提高思想政治理论课教师的素质不仅是教师自身成长与发展的需要，更是党和国家事业长远发展的根本保证。高职院校要站在"培养什么样的人、如何培养人以及为谁培养人"的战略高度，把稳定教师队伍、提高教师素质作为一项重要工作摆上议事日程，切实加强对思想政治理论课教师队伍建设的组织领导，理顺思想政治理论课教师的管理体制。

（一）规范思想政治理论课教学科研机构建设

规范科研机构建设，这是提升和优化思想政治理论课教师素质的组织保障。高职院校应当建立独立的、直属高职院校领导的思想政治理论课教学科研二级机构，科学规范其职能定位，使之成为提升教师队伍素质的组织平台和办好思想政治理论课的战斗堡垒。该机构既是思想政治理论课教育教学部门和马克思主义理论研究机构，又是马克思主义理论学科建设的依托单位。由此构成其基本职责，即统一管理本、专科及研究生思想政治理论课教育教学，统一负责马克思主义理论学科建设，统一管理思想政治理论课教师。同时，选配政治性强、业务精、作风正、懂管理的学术带头人和骨干教师，作为思想政治理论课教学科研组织负责人，以此引领和带动思想政治理论课教师队伍整体素质提升。

（二）严把思想政治理论课教师的选聘关口

把好思想政治理论课教师选聘关口，这是保证思想政治理论课教师基本素质的首要环节。思想政治理论课的性质和任务，要求思想政治理论课教师必须坚持正确的政治方向，热爱马克思主义理论教育事业，具有良好的思想品德，有扎实的马克思主义理论基础和相应的教学水平、科研能力。一方面根据专任为主、专兼结合的原则，合理核定专任教师编制，配足思想政治理论课教师数量，鼓励、支持校内相关专业学术带头人和教学骨干，专职或兼职承担思想政治理论课教学任务；另一方

面，实行思想政治理论课教师准入制度，明确思想政治理论课教师的选聘条件和岗位职责，把政治条件和教学要求放在第一位。在事关政治原则、政治立场和政治方向问题上不能与党中央保持一致的，或理论素质、教学水平达不到相应课程要求的，不得担任思想政治理论课教师。

（三）制订思想政治理论课教师素质提升计划

高职院校和有关部门要切实加强组织领导和顶层设计。一方面，充分发挥高职院校思想政治理论课教学指导委员会在研究、咨询、评价、指导和服务等方面的作用，建立由高职院校主管领导、有关职能部门及思想政治理论课教学单位等组成的思想政治理论课建设领导小组，共同做好思想政治理论课教师素质提升及其教育教学工作；另一方面，把思想政治理论课素质提升纳入高职院校师资队伍建设规划，制定相关政策，健全保障机制，推进思想政治理论课建设与发展，在人才培养、科研立项、评优表彰、职务评聘、实践锻炼等方面优先支持思想政治理论课教师，真正体现和落实思想政治理论课在高职院校教育教学体系中的重点建设地位。

二、推进学科建设，提高思想政治理论课教师的整体素质

学科建设是高职院校最具有整合力和影响力的工作，是高职院校各项工作中起龙头作用的关键环节，也是教师队伍建设的重要抓手。只有大力推进和加强学科建设，高职院校教师才有科研的平台和学术的家园。一个时期以来，思想政治理论课教师存在着队伍不稳、科研能力不强、优秀学术带头人缺乏、整体素质不高等问题，其中一个重要原因就是没有独立的学科依托。马克思主义理论一级学科的设立和建设，其重要任务之一就是通过学科建设加强思想政治理论课教师队伍建设，提高思想政治理论课教师的整体素质。思想政治理论课要抓住这一机遇，把服务于思想政治理论课教育改革和教师素质提升作为马克思主义理论学科建设的重要内容。

一方面，马克思主义理论学科建设要为思想政治理论课教育教学培养和吸纳高素质的师资。这其中包含三个层面：第一，做好马克思主义理论学科硕士生、博士生和专业学位研究生的培养及教师培训工作，为思想政治理论课教育教学提供高水平的专业人才；第二，进一步完善马克思主义理论一级学科所属的二级学科体系，为教师开展思想政治理论课教育教学提供对应的学科支撑；第三，创造和提供良好的学科阵地、学术氛围和工作环境，吸引和汇聚更多的优秀人才参与马克思主义理论学科建设，壮大和稳定思想政治理论课师资队伍，努力建设优秀教研团队，使思想政治理论课教师工作有条件、干事有平台、发展有空间，进而增强学科归属感、

社会责任感和历史使命感。

另一方面，马克思主义理论学科建设要注重提高思想政治理论课教师的教学、科研能力，培育教学科研骨干。设立马克思主义理论学科是为了加强马克思主义理论体系研究、马克思主义发展史和马克思主义中国化研究、思想政治教育研究，推进党的思想理论建设和巩固马克思主义在高职院校教育教学中的指导地位，加强高职院校思想政治理论课建设，培养思想政治教育工作队伍。这是党和国家加强思想政治理论课教师队伍建设的重大举措，也是中央实施的马克思主义理论研究和建设工程的重要成果。因此，马克思主义理论学科建设要注重引导和组织思想政治理论课教师自觉进入学科建设的前沿阵地，明确自己在学科建设中的位置和任务，积极开展马克思主义理论体系以及教育教学中重要理论和实际问题的研究。要通过马克思主义理论学科建设的带动作用，提高思想政治理论课教师的理论素养和科研能力。同时，通过马克思主义理论学科建设，推动思想政治理论课教学领军人物、大学生学术带头人和骨干教师脱颖而出，以带动教师整体素质的提高。

三、坚持以人为本，关心思想政治理论课教师成长与发展

一个时期以来，由于思想政治理论课教学任务繁重，加上一些高职院校对思想政治理论课的认识不足、重视不够，思想政治理论课教师在个人成长发展方面面临着诸多困难和压力，尤其是一些大学生教师对个人职业生涯感到迷茫、困惑，甚至出现职业倦怠，自我职业认同度和责任感不高，这不仅极大地危害着教师个人的身心健康和职业发展，也严重影响着思想政治理论课教师队伍的整体建设和教育教学的实际效果。因此，在注重提升思想政治理论课教师的思想政治素质、职业道德修养的同时，还要坚持以人为本的原则，关心他们个人的成长与发展，解除他们的"后顾之忧"，使他们能够全身心地投入思想政治理论课教育教学之中。

（一）完善思想政治理论课教师培养培训体系

高职院校要从自身实际情况出发，将思想政治理论课教师纳入师资培训规划，建立有重点、分层次、多形式、多渠道的教师培养培训体系与机制，采取脱产进修、攻读学位、名师指导、短期培训、教学观摩、社会实践、出国考察、挂职锻炼等措施，不断提升和优化他们的知识结构、理论素养、教学水平和科研能力，注重选拔、培养一批学术领军人物和教学科研骨干。

（二）健全思想政治理论课教师考核评价体系

高职院校要根据思想政治理论课教师的岗位职责和工作性质、特点，制定相应的考核评价体系和办法，进一步完善专业技术职务评聘标准，提高教学效果和教学研究占比，着重考查思想政治理论课教师的教学能力和教学实绩，将教研课题与科研课题、教学研究成果与学术研究成果同等对待，作为职称评定的依据。

（三）改善和提高思想政治理论课教师的待遇

高职院校要为思想政治理论课教师创造良好的教学科研条件和工作环境，如为他们在传达党和国家的有关文件和政策、阅读有关文件资料方面提供便利；在科研立项、经费投入、培训研修和公共资源使用等方面，充分考虑思想政治理论课教师工作的特点，在政策上予以扶持；在物质待遇上，思想政治理论课教师的实际平均收入不低于本校相关专业院系教师的平均水平；等等。

总之，只有站在加强师资队伍建设和提高教育教学实效的高度，真正从思想政治理论课教师的成长发展出发，在政策上积极扶持他们、在工作上努力支持他们、在生活上热情关心他们，才能进一步激发和调动他们的积极性和创造性，从而开创思想政治理论课教育教学的新局面。

四、建立制度保障，形成思想政治理论课教师发展的长效机制

为切实加强高职院校思想政治理论课教师队伍建设，必须制定和健全相应的政策和制度，以形成和保障教师队伍良性发展的长效机制。除了上述的研修培训制度、继续教育制度、职务评聘制度外，还应包括以下政策和制度。

（一）教学管理、督导制度

这既是保障思想政治理论课教育教学质量的需要，也是教师职业发展的需要。这一制度的内容包括：要按照学分学时对应原则，确保思想政治理论课的教学时数；要以中班教学（每班100名学生左右）为主体，组织开展教学活动；要建立教学督导制度，加强教学质量的管理、监督和指导。此外，高职院校要建立思想政治理论课教学专项经费，将其列入预算，并随着高职院校经费的增长逐年增加。

（二）集体备课和教学研讨制度

这一制度作为思想政治理论课教研工作的一项重要内容，可以使教师共同围绕课程教学目标和任务，集体研究探讨教学的重点难点、学生的思想困惑和关注的热

点问题，以及采用的教学方法、媒体、手段等，这无疑有助于提高教育教学的整体效果和质量。与此同时，通过集体备课和研讨，教师之间可以相互启发、相互借鉴、取长补短，从而有助于教师教学能力的提高，尤其是对教师的教学成长和优良教风的养成具有重要的促进作用。

（三）社会实践考察制度

组织开展社会实践和学习考察活动，有利于思想政治理论课教师进一步了解国情，开阔视野，增强感性认识，丰富教学素材，促进理论与实践的结合，提高教师的思想政治素质和业务素质。《新时代高等学校思想政治理论课教师队伍建设规定》明确指出，主管教育部门和高等学校应当拓展思政课教师培训渠道，设立思政课教师研学基地，定期安排思政课教师实地了解中国改革发展成果，组织思政课教师实地考察和比较分析国内外经济社会发展状况，创造条件支持思政课教师到地方党政机关、企事业单位、基层等开展实践锻炼。有条件的高职院校还可以组织教师赴国外学习考察。这是加强思想政治理论课教师培养培训工作、丰富和完善教师培训方式和途径的一项重要举措。

（四）先进典型表彰与宣传推广制度

在加强教学管理、研修培训的同时，要建立和完善对思想政治理论课教师的激励机制。一方面，在教育系统各类教师表彰体系中，要对思想政治理论课教师的评比确定相应比例，进行统一表彰，以增强教师的职业荣誉感和社会责任感。另一方面，以制度的形式设立思想政治理论课教学研究项目、教学方法改革"择优推广计划"项目、优秀教师择优资助项目、拔尖教师国内高级访学资助项目、"马克思主义理论教学与研究文库"出版资助项目，以及推选思想政治理论课教师年度影响力人物、教学名师、教学能手和优秀团队等，鼓励和支持优秀教师脱颖而出，并引领和带动思想政治理论课教师整体素质提升。

第七章 新时代高职院校思政育人的管理策略

第一节 加强校园文化建设

一、实现传统媒体与新媒体的融合

我们即使处于新媒体时代，也不能忽视传统媒体。在高职院校校园文化建设中，我们不仅要积极加强新媒体的运用能力，而且要充分发挥传统媒体弘扬主旋律的优势。二者优势互补，相互配合，形成新旧媒体良性竞争关系。专家认为，可在内容、途径和管理三个方面考虑新旧媒体的融合。在内容方面，用传统媒体的专业性和权威性弥补新媒体的海量性和繁杂性，在社会主流文化的宣传中考虑校园自身特点，既贴近社会又贴近学生。在途径方面，将校园广播、宣传栏与手机、电脑结合，通过网站、微信公众号等实现实时宣传，同时加强管理者、教育者和学生的在线互动。在管理方面，加强对传统媒体专业队伍的新媒体素养培养，加强培训，提高教师的新媒体素养。

二、加强校园新媒体队伍建设

高素质的新媒体团队不仅有较高的思想政治素质和较强的社会责任感，而且有较好的使用新媒体的能力，能够深入大学生的学习与生活之中，可写出符合大学生思想文化的新媒体内容。一方面要组建一支高水平的网络监管队伍，由校党委领导，宣传部、网络中心、学工部、学生代表等一起组成，监管新媒体动态；另一方面要组建"网络环保"志愿队伍，发动在校大学生一起努力。

三、打造主导性校园新媒体平台

要推进校园网络建设，夯实校园文化建设的媒体基础。网络世界已经成为广大师生现实生活的有效延伸，师生在虚拟的网络空间里可以完成现实生活中的一切事项，并可进行现实生活中无法进行的活动，这种虚拟与现实的双层叠加对促进人的发展、发现社会问题、转变教育教学方法具有深刻影响。所以，高职院校要积极利用网络优势，加强信息技术在拓展虚拟空间中的具体作用。另外，随着软件开发的不断深入，网络媒体下的微博、微信等互动软件在改善高职院校师生生活、学习上具有传统媒体无可比拟的作用。但我们也应该看到，处于发展中的大学生难免会受到纷繁庞杂的不良信息的影响，从而做出不当之举，误入歧途。因此，高职院校要对进入校园的网络进行有效筛选，构建积极健康的校园网络平台，使师生可尽情享受信息共享的便捷，并形成判断是非的能力，从源头上阻断思想"出轨"。

高职院校作为社会科技创新的主要力量，在新媒体开发和应用方面应当走在社会的前列，因此要加大校园网络基础设施的投入，为高职院校师生运用新媒体提供有利条件。在此，具体的做法包括：一是创建校园微信公众平台，该平台设校园资讯、学生咨询、教学管理三大板块，囊括校园的学习与生活，每天推送符合主流文化意识的信息；二是开设主题官方微博，学生遇到问题可在微博平台向校方提出，校方也可在该平台进行反馈，这样有助于加强师生间的互动，树立良好校园风气，培养文明讨论氛围；三是创办手机电子报，针对大学生关注的校园动态、时事热点，通过电子报快速传递给他们，主动占领校园文化宣传的阵地；四是创建数字移动图书馆，图书馆是校园精神文化资源的主要来源，创建数字图书馆能使大学生随时随地更加快速阅读查询资料。

第二节　提高大学生自我教育能力

一、提高大学生自我教育能力的主要途径

在社会主义市场经济条件下，传统的思想政治教育方式已经无法满足大学生的需要。要适应社会的发展，提高大学生的素质，唯有启发、引导和帮助大学生能动地开展自我教育，充分发挥他们的主体性。

（一）增强大学生自我教育意识

自我教育是受教育者充分发挥其主动性进行思想内化和行为调控而达到提高自身素质的一种活动过程，最终还是要由受教育者的内因起作用，所以自我教育的前提是受教育者具有主动性。如果在思想政治教育过程中大学生不具备自我教育意识，或自我教育意识不充分，就会在实际工作中陷入被动。因此在日常的教育工作中，

我们要注重大学生自我教育意识的培养，通过各种途径让大学生了解社会进步、时代发展、人生态度，激发大学生自我教育的内在动力。

1. 引导大学生正确认识自我，激发自我教育的意识

由于自我是认识的主体，又是认识的客体，所以自我认识的难点在于正确认识自我、改造自我。只有从内心接纳自己、鼓励自己，并乐于或善于自己战胜自己，全面而确切地了解自己，才能给自己一个准确的定位。

第一，培养自我认识能力，形成自我教育的信念。大学生的一个明显特点是自我意识随着社会地位的变化而迅速增强，他们更多地把眼光投向自身，探索、认识、评价自己。这为我们引导大学生培养自我认识能力提供了有利的条件和基础。但是要真正使他们能够清楚地意识和把握自己，掌握评价的标准，形成比较系统的社会道德的自我评价能力，首先要健全班级集体。这是提高其自我认识能力，形成自我信念的重要条件。大学生认识和评价自己品质的能力，是在集体中从他认识别人的品质开始的，是在认识别人的过程中学会以别人为"镜子"与别人进行比较后逐步认识自己的。

第二，树立远大理想，激发自我教育的内在因素。自我认识能力是自我修养的起点。大学生要具有坚持不懈地进行自我教育的能力，仅仅有自我认识能力和自我教育的信念是不够的，还必须培养他们自我激励的能力，使自我教育获得巨大的内在动力。自我激励能力的大小强弱，取决于个人理想是否远大，以及对这一理想是否有深厚的感情基础，是否有信心去实现它。绝大多数大学生有自己的理想，有强烈的社会责任感，有愿意为祖国、为人民、为人类而奋斗的崇高精神，不少大学生愿意献身共产主义事业。他们渴望成才，渴望在事业上有所建树，这就是说大学生具有一定的自我激励能力，能够鼓舞自己在人生道路上向前迈进。这就要求大学生坚持自我学习，坚持政治理论的学习，树立正确的世界观、人生观、价值观、道德观，把个人的前途发展与祖国的发展联系起来，培养高度的社会责任感和历史使命感，用唯物、辩证的观点去思考社会、人生和自我，学会自我观察、分析、控制、训练和自我评价，从而不断提高自我教育能力。

第三，提倡高职院校参与性教学活动。高职院校参与性教学是一种旨在通过学生的主体参与，以达到发展学生主体性的一种教学观。它是 21 世纪以来我国兴起的一种教学理念，是现代社会对高职院校学习提出的新要求，也是大学生适应现代教育应具备的学习要求。现代社会强调个体的自主自立精神，现代教育应适应于现代社会的要求高扬人的主体性，强调学生主动参与教学过程。它有助于个体主体性、自立精神等自我教育能力的形成。与中小学教育不同，大学教学已不大关注一般知识的积累与记忆能力之训练，它更多关注的是学生的创新精神和实践能力、科学底蕴及人文精神。大学教学充满了对未知世界的探索与发现。教学过程中若没有教学主体的积极参与、发挥能动性，是不能适应现代社会的要求的。参与性教学提倡个体及群体的互动状态，强调大学生自主自立精神和实践能力的形成。它不仅有助于大学生发展积极的思维能力，而且有助于大学生形成创新精神与实践能力，有助于增强大学生自我效能感，树立自信心。

2. 要树立"以学生为本"的教育理念

高职院校在教育过程中要坚持以学生为本，这种新的教育观旨在促进学生的能力发展。教育过程中的各种活动都应以此为目的。

第一，要尊重学生的主体性。自我教育作为教育活动的重要形式之一，是以个体主体性的充分发展为前提的。个体主体性是自我教育能力的重要体现。只有当主体性充分得到发挥时，学习活动才能顺利进行。只有当学生的主体性得到充分发展时，其自我教育能力才能作为教育目的之一得到实现。只有尊重、肯定学生的主体性，其自我教育能力才能得到相应的发展。

第二，发展学生的反思能力。自我教育不仅表现为自主性和自我反馈等，也需要通过反思活动，更好地了解自我和外部环境，更好地把握自我和所处环境。自我反思能力的形成需要大学生在已有知识经验的基础上，对自己和自己的学习、交往等活动进行不断总结、反思，以了解自己在学习过程中有何变化，看到自己取得的成绩，不断教育自己和提高自信心。大学生的反思能力一方面可以通过课堂教学培养，培养其对社会环境、所学知识的评价能力；另一方面可以通过制订自我发展计划进行自我评估，在思考中内化教师的教育与教导。

第三，重视学生自我调节能力的培养。当今社会不断发展，日新月异，人类的科学知识正以前所未有的速度剧增。知识的急剧增长使学生在高职院校学习的知识量已远远不能适应变化的社会要求。他们必须具有不断学习、自我调节的能力，能根据面临的环境及时地调整、学习新知识，才能适应社会要求。发展学生的自我调节能力，一方面教师要在教育过程中积极地进行学习策略的指导，指导学生根据不同情境调整学习过程，并在此基础上不断地产生新的学习目标。学生的自我计划、自我管理和自我鼓励等对他们自我调节能力的形成具有重要的作用。现代社会需要独立思考，学会适应新情况、新环境的人。学生只有具备自我调节能力，才能成为具有现代社会品质的人。

（二）搭建大学生自我教育的实践平台

1. 高职院校学生会

高职院校学生会是高职院校党委领导下的学生群众团体，这个组织建立在学生中，在提高大学生自我教育能力方面有着自己的组织优势。学生会机构设置齐全，几乎包括大学生学习、生活的各个方面，可以为大学生提供多方面的服务和帮助。学生会根植学生当中，对学生的各个方面情况深知"底细"，了如指掌，这样就能做到自我教育有的放矢、自我服务准确到位、自我管理及时有效。学生会安排活动多，能满足不同年级、层次学生的要求，激发大学生的参与集体活动的意识，使他们在活动中不断发展自己的兴趣和爱好，提高个人的综合素质。

学生会是党联系广大学生的桥梁和纽带，可以准确地把党对广大学生的希望和要求，把党的方针、政策传播到学生当中，使其得到学生的理解并变成自觉的行动，占领思想政治教育的制高点。学生会能引导学生认真按照党的教育方针组织和开展多种适应学生特点的有益活动，寓教育于活动中，促进学生德智体全面发展；能及时向党组织反映学生的思想动态，协助高职院校党团组织更好地开展学生工作。

高职院校可以利用学生会所属的宣传站、广播站、板报及各种刊物，宣传国家大政方针，用正确的舆论引导大学生，使大学生树立远大的理想和政治观念，增强责任感和使命感，为大学生自我教育提供强大的精神动力。高职院校还可以利用报告会、座谈会，请党政领导、专家、学者、企业家和英雄人物来高职院校做报告或者座谈，既能使大学生受到积极教育，又能使大学生听到自己关心的话题。这些报告和座谈能够促使大学生加深对国情、社情、民情的了解，增强对祖国的热爱之情，促使大学生树立正确人生观，认清历史责任，激发主动成才的动力。

2. 学生社团

学生社团是学生"自我管理、自我教育、自我服务"的群体性团体，是广大学生增长知识、培养能力、展现个人才华的重要园地。其目的是把同学们组织起来，有领导、有计划、有成效地开展第二课堂活动，以扩大学生的知识面，丰富课外生活，培养广泛的爱好与兴趣，锻炼组织管理能力，为同学们的成才及全面素质的培养创造良好条件。同时，学生社团是丰富和活跃校园文化的主力军。从数量、参与人数看，学生社团处在蓬勃发展的时期。在一些高职院校，学生社团已经发展成为高职院校开展文化、科技、思想政治教育等活动的主要载体。

学生社团以其独有的方式在拓展学生综合素质、培养创新精神与实践能力等方面发挥着重要作用。主要表现在：

第一，社团建设提升了学生思想道德水平。学生社团虽然是学生自发组织起来的组织，但是学生社团活动仍然是在高职院校的主导与控制下进行的，这就使得思想政治教育工作者能够将社团活动作为思想政治教育工作的载体加以应用，使社团活动为加强与改进大学生思想政治教育服务。高职院校思想政治教育工作者可将思想政治教育融入社团建设、社团活动中，潜移默化地对其成员开展主流价值观教育，影响其成员的思想。社团成员在活动中不仅发展了兴趣，更重要的是通过社团活动，从不同的角度了解社会、认识社会，从而激发了对祖国的热爱之情，树立了为国家富强、民族昌盛而奋斗的责任感和使命感，达到了自我教育的目的。

第二，社团活动有利于学生知识结构的不断完善。社团活动涉及政治、经济、文化、体育等多个领域，充分体现了高职院校大学生广泛的兴趣爱好和充分的想象力。学生加入某一个社团，可以在平时的第一课堂学习之外，接触到许多非本专业之外的知识，从而对自身知识结构的完善起到重要作用。

第三，社团活动为学生实践能力的提高提供了良好的环境。当前学生社团组织的重要特点是除具有一定的理论、专业知识背景外，更重要的是突出实践特色、强化动手实践能力的培养。学生加入某一类专业技能型社团，在发展自身爱好、获得专业知识的同时，不断使自己某一方面的动手实践能力得到锻炼，在不断向社会和他人展示的同时，获得较强的自我认同感，增强自信心，从而为培养健康的人格打下了基础。总之，学生可以通过丰富的社团活动拓宽知识面，完善知识结构，提高实践能力，提升综合素质，这些都在很大限度上推动了学生自我教育能力的提高。

3. 社会实践活动

大学生的成长过程，是一个不断认识社会、适应社会，并通过自我创造为社会做贡献而被社会认同、接受的过程。思政教育者要引导大学生积极地参加社会实践和社交活动，要让他们在实践中检验'现实中我'与'理想中我'的差距，并激发主体意识，自觉地进行自我反省、自我调节、自我控制、自我完善，不断地修正'现实中我'。社会实践活动在提高大学生自我教育能力方面有着重要的作用。

第一，社会实践有利于大学生在接触社会中更好地认清我国改革开放的大好形势及其发展方向。大学生积极投身社会实践，去接触社会，体验生活，与各阶层的人进行对话、交流、沟通，关注时局形势的发展动态，能够把握推动社会发展的内在动力，明确自己的奋斗目标和努力方向，将自己融入人民群众中，体察民情，关心民生，感受社会沧桑变迁，用自己的知识和智慧来为人民服务，充分地展现自己的才华。组织大学生进行社会实践，把他们置身于改革第一线，让他们亲身经受改革大潮的洗礼，能够使大学生提高对改革的认识，调整自己在改革开放中的位置。

第二，社会实践有利于大学生探讨人生价值，树立正确的人生观。社会实践有利于大学生在实践中针对自己的思想实际，根据社会需要，从共产主义理想或者集体主义角度，从无数的默默无闻地为现代化建设做出重大贡献的无名英雄身上探讨人生的价值，找到自己人生价值的真谛，从而树立起正确的人生观。

第三，社会实践有利于学生增强自我意识，树立正确的人才观。全面建成小康社会的目标迫切要求高职院校培养创新型的建设人才。无论是树立正确的人才观，还是培养四化建设的人才，都离不开社会主义现代化建设的社会实践。只有通过社会实践，大学生才能正确了解社会主义现代化建设对各行各业以及各部门各单位骨干人才的具体要求，了解培养具有中国特色的社会主义现代化建设人才的具体要求，并在实践中得到检验。

4.发挥榜样示范作用，提高大学生自我教育的主动性

榜样示范教育是通过提供大量有价值的先进事迹号召学生学习，仿效其思想、行为和精神，以此来感召学生、教育学生，学生以受教育者的身份接受的教育。榜样教育还可以让学生以教育者的身份来进行，这样效果也许将更加理想。自我教育作为实现自我发展目标而进行的自我培养活动，既是自我意识发展到一定水平的产物，又是推进自我意识发展的力量。

通过评选表彰，树立道德模范，用他们的先进事迹感召大学生，有利于把社会主义道德观念传播到大学生中间，有利于大学生树立正确的价值导向。榜样的力量是无穷的，高职院校可以利用正反两方面的事例，教育广大学生正确地区分真善美和假恶丑，在道德评价中逐步提高自我的道德水准，完善自己的人格。如让高年级的学生担任低年级学生的班主任，一方面，低年级学生以高年级学生为榜样，高年级学生能够示范和激励低年级学生，促进低年级学生的自我教育。另一方面，从高年级学生的角度来看，他必须以教育者的身份去对待别人，所以会更加注重自身素养，从而增强自我教育的能动性。榜样教育具有感染力，警示教育则有震慑力。警示教育是运用已经处理过的反面典型为教材对学生进行教育的一种方式，开展警示

教育能够让学生吸取教训，引以为戒。正面学习有榜样，反面教育有镜子，坚持榜样教育与警示教育相结合，充分发挥正反两方面典型的激励和警示作用，将会很好地提高大学生自我教育的主动性。

二、提高大学生自我教育能力的外部支持

（一）外在教育的支持

辩证法认为，外因是变化的条件，内因是变化的依据，外因通过内因起作用。所以，事物的运动、变化和发展主要是事物的内部矛盾引发的，当然，外部矛盾也是不可缺少的条件。因此，大学生自我教育能力的提高，不仅需要对大学生自我教育的内部支持，还需要外在教育因素和力量的支持，包括高职院校教育、家庭教育、社会教育等方面。这些外在因素通过潜移默化的渗透力量影响大学生的自我教育过程，它通过非强制性手段感化大学生，对大学生的自我教育具有引导、感染、促进和保障等作用，是大学生自我教育有效开展的不可缺少的机制。

1.家庭教育

家庭是构成社会的最基本的单位，也是人的第一个自然教育的场所。家庭对孩子的教育是"生命的教育"。家庭教育的优势，在于它是一种以情感为基础的教育，这种教育经常处于关爱、和谐的气氛中；它是一种与家庭生活紧密联系的教育，随时都可进行，随时可以变化，经常表现出生动活泼的局面；它是一种长幼之间的教育，尊敬长老、爱护幼小是它的经常表现，示范、模仿是它的特点。家庭教育是一种与生俱来的示范教育，它有目的，但目的是不清晰的。在教育过程中，家长应当加强自身修养，不断提高自身的思想道德和文化素质，强化目的意识，处处以身示范，并多去了解孩子，与他们进行必要的情感交流与心理沟通，为孩子的健康成长构建民主和谐、热爱期待、求知进取、可交流沟通的良好家庭氛围，促使孩子健康成长。同时，要增强孩子的自我意识，培养孩子自立、自主、自强的精神，使他们在家庭环境中做有心人，抓住机会，自觉规范行为，提高认识，增长知识和才干。

2.高职院校教育

高职院校教育是一种有计划、有组织、有系统培养人的社会活动，通过对个体传递社会生产和生活经验，促进个体身心发展和掌握从事社会实践活动的技能，使个体社会化。高职院校教育是高职学生一生中所受教育的最重要部分，个人在高职院校里接受计划性的指导，系统地学习文化知识、社会规范、道德准则和价值观念。

高职院校教育从某种意义上讲，决定着个人社会化的水平和性质，是个体社会化的重要基地。当然，高职院校教育在提高大学生自我教育能力上具有举足轻重的作用。在教育过程中，首先，要转变传统教育观念。过去的教育一般只重视教育者对受教育者的影响。国家对教育计划大纲的制定、教材的编写，以及对高职院校教育、教学和管理的具体实施，都侧重于研究教师的主动传授，对学生的主动接受重视不够，缺乏让学生自我教育的意识，教育质量难以提高。高职院校必须把教育的对象变成自己教育自己的主体，受教育者必须成为教育他自己的人，别人的教育必须转化为这个人自己的教育。其次，高职院校要创设良好的物质环境与文化环境。物质环境包括学习条件、设施、设备和生活条件；文化环境即要求高职院校拥有特别的自我教育文化氛围，包括教育理念、价值观念、科研能力和学术水平等。高职院校教育是在创设适合学生发展的条件、环境和氛围，而不是在选择适合教育的学生。高职院校要实现教书育人、管理育人、服务育人，追求浓厚的教育氛围，善于开展丰富多彩的校园文化，在良好的教育环境、教育氛围中陶冶学生的道德情操并使之得到美的享受。高职院校还可以通过一些具体活动部分地教给学生实施方法，使学生在参与中展开自我教育，使其自我教育能力得到提高。

3. 社会教育

社会教育包括社会政治因素、社会思潮和社会风尚、大众传媒等对人的影响。根据马克思主义的观点，思想政治教育作为一种意识形态，它是由经济基础决定的，是社会关系的产物。道德教育和人们的道德观念都根植于一定的社会关系，归根到底根植于一定的经济关系，并随着社会关系、社会经济制度的变化而变化。我国正处在改革攻坚阶段和发展的关键时期，社会经济结构、产业结构和社会运行机制正在发生根本变化。与此相联系，国家的政治制度的现状及其变革调整的幅度、力度以及由此体现出来的一系列的政策和措施，不仅改变着人们的物质生活方式，而且在一定程度上影响着大学生的思想品德。打开国门，走向世界，加速了物质消费观念和精神文化的交流，加之大众传媒在社会生活的各个角落渗透，不管是积极的还是消极的，都会对大学生产生深刻的影响。由此可见，在社会教育中，我们都应树立以大学生为本、师生相互信赖、民主平等的教育观念，创造健康、向上的自我教育氛围，尊重每一个大学生，用爱的情感和爱的行动、爱的艺术，培养和调动起每一个大学生参与自我教育的意识，使大学生真正投入自我教育活动中，从而成为自己的主人。现代社会由于科学技术的迅猛发展，社会知识总量的激增，劳动就业结构的突出变化，使知识更新的速度不断加快，社会要求大学生扩大社会交往，充分发展其兴趣、爱好和个性，广泛培养其特殊才能，因此，社会教育对提高大学生自我教育能力来说具有极其重要的意义。应在大众传媒中建设高质量的教育专栏，把思想政治教育渗透到各种节目中，满足大学生自我教育的内在需求；开办各种形式的、适应社会发展需要的培训机构，开放各类图书馆、博物馆、文化宫（馆）、爱国主义教育基地，大力加强社区文化和教育中心以及其他各类非盈利性教育机构设施。面向大学生的社会教育机构包括少年宫、大学生活动中心、大学生素质教育基地、少年科技站、科技馆等，这些机构担负着培养下一代科技素养和文化素养的职责，不仅应当免费，而且应尽可能多地向中小学、少年儿童包括父母开放，使之真正成为实施素质教育的社会基地。

（二）管理工作的支持

从传统的大学生教育管理方式来看，尤其是大学生道德教育，往往强调道理对人的影响，甚至以理压人，以制度压人。一些教育者利用自身权力对学生个体进行教育工作具有随意性，受教育者变成了完全被动与理应服从的承受者。这样的教育方式往往会引起大学生的逆反心理和不信任感，很难达到大学生教育管理的有效性。因此，必须创新大学生管理方法。

1. 要积极为大学生提供适当的自我教育的空间

大学生活丰富多彩，大学生有着积极向上的心情和参与活动的热情。作为教育者，要对大学生的主动参与性给予积极的引导，并创设一定的活动空间和活动途径。教育者可以充分利用大学生中的正式群体和非正式式群体，让大学生自主地管理班级，自主地开展活动。并且尽可能地发挥党团组织、学生会、社团、社会实践小分队等组织的作用，给大学生以展示才华、锻炼自我的机会。同时，高职院校里丰富多彩的校园文化活动、各种竞赛活动，也会积极推动大学生自我教育能力的培养与提高。

2. 要营造民主、宽松、积极向上的氛围

高职院校民主建设的本质是把广大教师、学生真正看作高职院校的主人和学习的主体。高职院校要提倡民主，营造民主气氛，让学生感到自己是高职院校主人，从而激发其稳定持久的自觉性和主动性，树立良好的学风、班风。这样一来，学生在学习中、在日常管理中就会以主人翁的姿态自觉投入其中。自我教育的对象不仅仅是学生个体，也包括集体的自我教育，这两者是密切相关的。一方面，一个健康

向上的集体可以激发广大学生自我教育、自我管理的自觉性，树立"校荣我荣，班荣我荣"的思想，自觉地把自己的利益与集体的利益联系在一起；另一方面，个体自我教育能力的提高，又在潜移默化地影响着群体中的其他个体，促使整个群体自我教育水平的提高。因此，在大学生群体中营造民主、宽松、积极向上的氛围，必将更大地发挥群体的自我教育作用，有利于大学生自我教育能力的培养。

3. 完善大学生自我教育的保障制度

任何实践活动都需要一定的制度作为保障，制度保障与一般的个人承诺相比，更具有稳定性、权威性。大学生自我教育特别需要一系列的制度作为保障，以改变当前自我教育的随意性。为了保障大学生自我教育稳定而持续地进行，高职院校应当根据大学生思想意识发展已达到相当高的程度的特点，在以往制度的基础上，进一步完善。

第一，建立大学生参与高职院校管理工作的制度。自我教育的主体是大学生，高职院校要充分调动他们的积极性，引导他们进行自我教育，促使他们参与到高职院校的管理中。如现在很多高职院校将本科生安排到学生处、图书馆、资料室实习锻炼，可使他们更好地了解高职院校对他们自身发展所提供的有利条件，并能够充分利用有利的条件实现自我发展。

第二，建立学生在学习中的自主选择、自主学习制度。高职院校要给大学生一定的自我教育空间和时间，确保他们除了接受教育者的理论灌输之外，还能自觉地根据自己的实际情况进行自我完善和提高，如规定大学生每周都必须有共同学习、讨论的时间，规定大学生每学期对自己进行一个全面的评价，并写成书面材料，以利于以后更好地改正不足。

第三，完善大学生自我实践的制度。高职院校应鼓励大学生参加各种实践活动，如支教活动、寒暑假的实习锻炼、义务献血、植树等，要对他们这种自觉的自我发展给予一定的奖励，并与评奖学金、入党相结合，提高他们主动进行自我教育的积极性，更好地促进自我教育目标的实现。

4. 建立大学生自我教育评价的科学体系

大学生自我教育评价的科学体系主要指高职院校对本校各院系大学生自我教育的实际情况，根据一定的评价标准，通过科学的方法和正确的途径，多方面搜集适当的事实性材料，定期进行督促、检查和评价的过程。自我教育效果到底如何，需要对自我教育过程的各个环节及时地做出信息反馈，这样才能为自我教育的科学化提供依据。在思想政治工作中，建立大学生自我教育评价体系是加强和改进高职院校自我教育工作的重要保证，是高职院校加强自我教育和高职院校管理的重要手段，其目的是通过自我教育评价体系不断提高大学生自我教育的水平和效果。通过科学的评价体系，高职院校可以全面了解和衡量大学生自我教育的效率、发展水平，通过及时的信息反馈，分析存在的不足，进行调整，激发和改进大学生自我教育工作的主动性、积极性，进一步完善自我教育。

建立大学生科学的评价体系的具体措施包括以下几点：第一，遵循客观性原则，大学生自我教育效果的量化有一定的难度，在评价过程中会带有一定的主观因素，所以高职院校要坚持调查研究、实事求是地对大学生进行考查，切忌从个人的好恶出发，做出武断的评估。遵循客观性原则就要根据大学生的实际情况以及所受环境的影响，做具体的分析，同时要将专家评价、家庭评价、教育者的评价、学生自身以及其他群众的评价结合起来，为大学发展的实际效果评价提供更多的事实依据。第二，遵循全面性原则，把自我教育作为一个有机体来看待，从多个层面进行检验，不能单从一个层面进行评判。既要看大学生外在的实践动手能力，也要看其自身的思想品质，要将思想、情感、学习、品德等多方面结合起来。第三，把教育者素质以及高职院校领导部门工作效率纳入评价体系中。要将教育者开展自我教育的态度和工作实效纳入整个工作评价体系，与评比先进、晋级、升职等挂钩。第四，将学生自我教育的能力和水平纳入学生素质评价体系，与评优、推优入党、就业推荐等挂钩，确保自我教育工作的评价由软变硬、由无形变有形，从而形成领导重视、责任到人、专兼结合、奖惩有据的自我教育运行机制。

（三）校园文化的支持

校园文化指的是高职院校所具有的特定精神环境和文化气氛，它包括校园建筑设计、校园景观、绿化美化这种物化形态的内容，也包括高职院校的传统、校风、学风、人际关系、集体舆论、精神氛围以及高职院校的各种规章制度和高职院校成员在共同活动中形成的非明文规范的行为准则。校园文化是提高学生自我教育能力、提高综合素质的有效载体。大学生在一定的校园文化中会自觉不自觉地接受、内化并整合其主导的价值观念和思维方式，思想发生潜移默化的变化。这种变化具有非强制、非逻辑的特点。大学生通过自觉、有效的自我教育，养成良好道德品质、文明行为和学习风尚，离不开丰富多彩的，高品位、多层次的校园文化活动，离不开良好的校园自然环境和人文环境。要创设有利的"道德场"，关键要加强校风和校园文化建设。高职院校要从人才培养的高度加强校园文化建设，重视高职院校内部潜在的、非课程形式的教育活动，精心设计、着力构建一种适合大学生成长发展的、充满新意的校园文化环境和学术氛围，形成大学生自我教育的良好环境和氛围，通过对大学生的心理感染促使大学生自我教育行为的发生。

1. 加强"硬"文化建设

校园物质文化是校园文化的硬件，是一种外在的、最直观的表现形式，如校园建筑布局，校舍内部的陈设布置，校园的绿化、美化等。大学生是校园环境建设的主体，他们既是校园环境的创造者，又是校园环境的享受者。美好的校园环境对大学生具有潜移默化的教育影响，能够引起大学生思想、审美观念的变化。因此，高职院校首先要从创建健康优美的校园环境出发，发挥校园文化的熏陶功能，加强大学生的自我教育。美的环境是一部立体的、多彩的、富有吸引力的教科书。在进行校园外表形象具体设计和布局的时候，高职院校要遵循高品位原则，设计新颖、制作精细、布局合理、格调高雅、寓意深刻，使校园成为充满意义的生活世界。校园建筑和校园景观是校园物质文化的主要组成部分。在设计时要多从实用角度出发，以满足学生生活需要为宗旨。教学楼的设计则要在实用的基础之上，更加讲究舒适并体现出一定的艺术特色。教师实验室、图书馆、阅览室的建筑还要从卫生角度设计，在朝向、采光、照明等方面按照要求规范设计。从总体上看，现代校园建筑越来越重视审美，越来越强调艺术特色。在校园的物质环境建设中，校园景观建设也不容忽视。高职院校要做好绿化美化工作，使校园的山、水、园、林、路等达到使用功能、审美功能和教育功能的和谐统一，用优美的校园景观激发大学生的爱校热情，陶冶大学生关爱自然、关爱社会、关爱他人的美好情操。高职院校要在公共场所布置具有丰富内涵的雕塑、书画等文化作品，营造高尚健康的人文景观氛围。高职院校要组织大学生广泛参与校园楼宇、道路、景点的规划、建设、命名以及管理工作，增强大学生对校园文化环境的认同感。

2. 加强"软"文化建设

校园精神文化是校园文化的软件，具体包括教风、学风、校风、制度、文化氛围、文化活动等。

第一，加强舆论文化的渲染，发挥校园文化的导向功能。学生的从众心理使他们的思想行为容易受到集体舆论的制约和同化。因此，高职院校要重视舆论文化的建设，真正做到"以正确的舆论引导人"。首先，要加强思想政治学习，注重养成教育。其次，应充分发挥黑板报、广播站、校报和宣传橱窗的主阵地作用。再次，要加强"爱校"教育，培养母校意识，激发强烈的荣誉感、自豪感，从而产生凝聚力，形成高职院校精神。此外，还要确定共同的奋斗目标。最后，要利用多媒体、网络、电视，宣传优秀教师和优秀学生，树立榜样。

第二，营造奋发向上的校风，发挥校园文化的教育功能。抓好领导作风建设，要求高职院校领导以身作则，树立"团结协作、勤廉高效"的工作作风，坚持实事求是、讲求实效、科学管理，以人格育人，为促进良好校风的建设奠定基础。高职院校应从教职员工入手，开展师德教育活动。规范教师风纪，使他们在工作中做到严于律己，为人师表。教师以自己良好的师德表率给学生树立榜样，以深厚的思想情感、庄重大方的仪表、和蔼可亲的仪容和彬彬有礼的语言给学生做示范，让学生在高职院校学习和生活中不断地受到教育。

第三，高职院校要优化和谐的人际关系，发挥校园文化的凝聚功能。校园人际关系包括师生关系、学生关系、教师关系三部分。高职院校应塑造"三种角色"："领导＋长者＋朋友"型的领导角色，"师长＋父母＋朋友"型的教师角色，互助互爱、情同手足的同学角色。

第四，高职院校应开展丰富的文化活动，发挥校园文化的激励功能。"在实践中锻炼，在体验中发展"是学生发展的根本理念。高职院校应积极开辟阵地，创设舞台。如各种体育比赛、文艺汇演、美术书法作品展、影视欣赏、社会服务、勤工俭学、军训、文娱晚会等，兼顾教育与情趣、知识与娱乐、活动与安闲，使全校师生在参与中充分发挥主观能动性，寓教于乐，陶冶情操，锤炼品格。

第五，高职院校应建立规范有序的管理机制，发挥校园文化的控制功能。"不以规矩，不能成方圆。"制度是校园文化建设初级阶段的产物，是为了达到无意境界，保障高职院校教育的有章、有序和有效而采取的一种有意识手段。高职院校规章制度应达到以下几点：一是全，事事有章可循；二是细，内容具体明确，操作性强；三是严，纪律严明，赏罚分明。这样一来高职院校就会形成自我激励、自我约束、自我管理的制度文化环境。

自我教育作为一种教育现象，是随着人类的进步、社会的发展以及人的主体意识增强而发挥其独特作用的。我国教育界对自我教育重要性问题的认识也比较早，现在我们已经充分认识到，如果单纯把教育局限于课堂教学范围内，忽视学生的自我教育能力的培养，单纯注重对大学生的统一要求，忽略大学生自我教育的水平差别，已经不能满足他们的需要，难以收到预期的教育效果。尊重大学生的自身特点和要求，突出大学生主体性地位，使他们成为学习的主人，使他们学会自己教育自己，已经成为高职院校的迫切任务。自我教育是一项系统工程，需要大学生自身努力，也需要高职院校教育、社会教育、家庭教育的外在支持。

第三节 搭建思政育人信息化平台

一、整合相关资源，提升网站影响力

对高职院校思想政治教育资源的利用情况，直接决定着高职院校思想政治教育的实际效果。同样，高职院校网络思想政治教育的水平和效果也取决于高职院校思想政治教育资源的丰富程度以及对其的开发和整合利用效率。因此，主题网站只有不断与其他优秀网站进行资源与信息的交换，才能有效地把网站的成本投入转变为产出，才能满足网站生存发展的需要，也才能实现主题网站长期开展网络教育的目标。

（一）吸收校内资源

就目前来看，校内资源仍然是高职院校思想政治教育主题网站的主要信息来源。如何"近水楼台先得月"，充分利用好本校资源，是网站信息内容设置是否精当的关键。具体来说，网站管理者可以从以下几方面入手，吸收校内的优秀教育资源。

首先，对校内资源进行立项开发。教育资源建设的主管部门要根据高职院校教育资源的具体情况，确定每年度应开发的资源名称、类型和所需经费，形成资源开发立项指南，并组织相关学科骨干教师进行立项。经过资源建设专家组的审核、评定后，高职院校应将经费划拨给项目开发者进行研发。在资源开发完成后，专家组要对项目进行评审验收。除了中期验收外，专家组还要在项目开发过程中对项目开发的阶段性成果进行中期考核，追踪项目进展情况并提出建设性的意见和建议，指导相关人员如期、顺利地完成项目。例如，高职院校可以对校园的宿舍文化资源进行较为深层的发掘。作为学生生活的主要场所，宿舍集中展现了当代大学生课余生活的真实面貌，高职院校教育者可以从中获得当代大学生心智发展状况的第一手资料。因此，在聚集网络硬件资源后，高职院校可以建立由学院负责的公寓网络工作室，并安排专职辅导员以及优秀学生轮流值班，通过网上网下相结合的方式解决学生的实际问题，积极推进学生思想政治工作进网络、进宿舍。

其次，成立资源采集与整合的部门。尽管网站的栏目分属于高职院校各个行政部门，且分工明确，但也不可避免地会出现这样的情况，即一些教育信息涉及多个部门的工作范畴。当遇到这种情况时，若没有一个整体网络信息的协调部门，势必会存在网络信息重复或空缺的现状。因此，网站应设立一个专门对网络信息进行处理与更新的部门，该部门不仅要负责对各级各类行政部门提交的教育信息进行整理与归类，还要将已处理的教育信息在网站上集中更新。这样才可以保证网站上的内容与内容之间逻辑结构清晰、层次分明。

最后，重视对教材和精品课程的二次开发。由于受客观条件的限制，一些学生可能会为错失某一自己喜欢的课程而感到惋惜。同样，一些老师也可能因为不能通过多种途径使教学内容向深度和广度延伸而表示遗憾。有鉴于此，网络教育工作者可以充分利用主题网站这一交流平台，对传统教学进行补充和完善，使学生和教师在网络空间达到学习上的"双赢"。一方面，高职院校可以调查和统计学生心目中的优秀课程，并抽调专人对这些课程进行实时录像，而优秀课堂教学视频一旦放在网上，势必会激发学生的学习兴趣，满足学生的好学愿望。另一方面，教师可以在网络课堂的学习中根据需要创设一定的情景，使学生突破传统教育模式的限制，充分思考，大胆质疑，提出自己的独到见解。当然，教师也可以在网络教学中设置考察测评环节，促进学生对课堂学习进行及时和自觉的反思。

（二）加强对校外资源的整合

校际教育资源的开发，主要是指各高职院校在图书馆信息、网络课堂、电子教材等方面的交流与合作。不同高职院校受学科发展优势和客观条件限制等方面的影响，其在网络思想政治教育的资金配置以及侧重点上都有所不同。因此，高职院校之间可以形成网络教育联盟，加强合作，使各高职院校特色教育资源最大限度地达到共享与利用。高职院校之间除了在内容上可以进行教育资源合作外，还可以在教育主体上有所丰富。如高职院校可以在主题网站这一网络教育平台上开设校外导师资源注册窗口，任何地方、任何高职院校、任何热爱教育事业的人士，都可以在窗口中注册，成为某些领域的辅导教师，以此吸纳更多其他院校或单位的教育资源为本校共享。当然，高职院校在进行校际教育资源开发时，首先必须克服技术上的障碍。尽管教育部教育信息化技术标准已经出台，但还是有许多未涉及领域（如资源库分类、发展规模等）。各高职院校主题网站很可能因为资源库建设标准的不统一而不能实现网络教育资源的兼容。技术建设上的差异，很可能使校际资源共享成为一句空谈。

主题网站的社会教育资源主要包括社会主流媒体和教育机构两类。学生面对国内外错综复杂的重大事件时，很可能因为缺乏正确的辨别力和较高的政治素养而在思想认识上存在偏差，甚至做出过激的行为。面对这种情况，教育者应该对他们进行及时教育和引导。社会主流媒体的舆论导向作用，可以为高职院校网络思想政治教育营造强大的舆论氛围，在无形中影响学生的价值观，并逐渐强化或改变学生的政治思想和社会道德规范，从而达到思想政治教育的目的。社会教育机构不仅可以为大学生提供资格考试、公务员考试等多种量化考试的学习资料以及学习经验，更可以成为高职院校网络思想政治教育模式的成功典范，为主题网站的教育传播提供先进的教育方法和技术手段。不管是哪种教育资源，主题网站在对它们进行利用与开发时，必须以恰当的方式进行。就目前而言，社会教育资源主要有网站链接和信息摘抄两种形式。前者能为读者提供直接有效的网站地址，使读者可以根据自己的需要在相关网站上自由获得信息；后者是网络教育者根据自己的价值取向，对社会上有价值的新闻以及评论进行二次加工，使读者能够在主题网站的摘抄新闻中快速、方便地获取信息。因此，根据网站建设需要和信息内容的特点，合理选择表现形式，可以很好地实现社会教育资源在主题网站中的利用与开发。

（三）逐步实现网络资源对社会的开放

要提升网站的影响力，不仅要加强对校内及校外教育资源的开发与利用，更要将主题网站建设成为一个网络信息平台，使教育信息达到最大限度的流通。通过近几年的建设，大多数高职院校已基本具备网站资源共享的硬件条件。目前，在自媒体平台兴起后，我国多所高职院校都开始搭建并经营自己的自媒体平台，这样一方面可以为高职院校师生及时推送最新消息，另一方面可以向社会人士展示高职院校的发展状况，突出高职院校优势，以吸引更多的社会资源。

因此，以校园硬件系统为保证，网站在现有已开放的信息（如高职院校机构设置、网站的实时资讯、学生成绩查询等）基础上，还可以向在校师生有偿以及以限量的方式发放校园外网电子资源登录许可账号，使学生在使用校外账户登录高职院校主题网时，也可以享受高职院校远程教育资源带来的实惠，这有助于提高网站的社会影响力。当然，主题网站资源在对社会逐步开放的过程中，应采取一些措施来缓解校外账号大量访问可能造成的网站拥堵、页面打开缓慢等问题。

二、加强主题网站队伍建设，提高网络互动的实效性

（一）加强对师生网络技术素养的培训

高职院校主题网站的学生专栏若要充分实现师生间的互动，就要加强对老师与学生的网络技术素养的培训。从网络使用水平角度看，高职院校应从以下几个方面加强对师生的教育。

1.培养崇高的信息道德

网络教育工作者应提高自身的网络信息素养，敏锐地发现并及时地删除不良信息，并对有意或无意传播这些信息的学生进行教育。同时，网络教育者应及时在网站的互动栏目中通过科学数据、专家讲解等权威的方式解释相关信息的真相，减少信息因传递途径过长而导致失真的可能性，避免不明就里的学生产生误解。当然，学生在面对错综复杂的网络信息时，也要凡事多思考，学会以怀疑批判的态度加以对待，自觉提高信息辨别能力。

2.掌握一定的信息技术与网络语言

目前，我国高职院校从事网络思想政治教育工作的人员大多没有经过系统的计算机教育和网络培训，缺少一定的网络技术和信息素养，大学生所崇拜的科学文化素质和人格魅力也就很难在网络教育者身上得以体现。如果网络教育者对网站内容没有进行很好的管理，也就无法达到对大学生进行网络教育和管理的目的。我国高职院校应借鉴一些国家高职院校师资队伍建设的成功经验，积极投入资金，以讲座、书籍、电子宣传等多种方式对教育者进行定期的信息化培训，使网络教育者掌握较为先进的网络传播技术以及最新的网络沟通语言。

（二）提倡网络工作和沟通方式

要形成网络良性互动，不仅需要师生具备一定的网络信息素养，还要将网络沟通纳入常态。所谓网络沟通，就是指在网络环境中，信息（情感、观点、事件等）在传受双方之间的流通和传递。在高职院校的日常教学和管理工作中，部门与部门之间、老师与学生之间能否进行有效的沟通直接关系到高职院校各项工作能否正常有序地开展。传统的沟通主要借助于纸质文档、传统课堂教学、面对面谈话等途径，这样的沟通方式不仅易受时间和地点的限制，还浪费成本。近年来，随着校园网络建设进程的不断加快，许多高职院校都已拥有了自己的校园网，为高职院校的网上管理与通信提供了硬件支持。高职院校主题网站的管理者可以充分利用校园网的硬件优势，开设局域网的沟通系统，这样不仅可以与负责网站内容的各部门随时保持

联系，及时更新网站信息，还可以与学生展开一对一、一对多、多对一的交流。总的说来，网上沟通主要包括以下两种方式。

1. 运用网上即时通信的沟通方式

IM（即时通信）是英文 Instant Messaging 的缩写，是一种可以让使用者在网络上建立某种私人聊天室的实时通信服务，是一种即时的在线信息沟通方式。作为最为普及、利用率最高的即时通信手段之一，QQ 不仅可以提供一对一的网上私密聊天的场所，还可以给用户提供在 QQ 群中获取群体交流的经验、共同分享网络信息的机会。因此，高职院校向网络工作人员推广这种即时通信方式，既可方便部门间的即时沟通，又可提高工作效率，有助于部门齐心协力，共同为学生提供网络服务。

2. 运用微信的沟通方式

随着大学生拥有手机数量和比例的不断增加，通过微信进行交流已风靡于高职校园。微信可以提供完全实时的语音服务、准实时的文字和小数据量通信服务、非实时的通信服务，从而为师生在互联网和移动网间的无缝通信搭建了桥梁。网站管理者可以在校园网站中搭建高职院校微信动态平台，为学生提供公共信息、高职院校各管理行政部门的职能信息以及各院系信息等。其中的公共信息即是校级各机关的信息，如上级指示、各部门的决定等；职能信息则包括学生本学期的课表、各类考试日程安排、成绩查询等；而各院系信息包括学院会议通知、党员大会通知等。这样，学生就能及时接收相关信息。信息传播的通畅，能使学生充分体会到其主体地位，为网上的平等互动打下了良好的群众基础。

三、加强网站推广，建立特色教育模式

（一）加大对网站的宣传力度

实践证明，"酒香不怕巷子深"的时代已经一去不复返。好的网站链接在互联网上并不意味着它的点击率就高、影响力就大。现代广告学认为，懂得并且善于进行自我推销，是产品被顾客接受的关键。主题网站虽然不追求经济效益，但也必须遵循这一市场化模式进行运作。针对主题网站建设的特殊性，我们可以从以下几方面加强对校园网站的宣传力度。

第一，将网站注册到重要的搜索引擎。搜索引擎之所以能成为高职院校思想政治教育网站在线推广的最重要的方式，其主要原因在于它的网络导航系统是上网用户获取他们不熟悉的网站或网络信息的最常用也最方便的工具。访问者若能通过搜

索引擎进入主题网站查看所要查询的消息，将提高网站访问量。第二，实现网络信息的交换。利用网页内空闲位置为其他思想政治类网站建立图片或字符链接，并得到对方的同等交换，可以达到双方共享访客、共同提高网站访问量的目的。第三，利用传统媒体加以宣传。校园网站可以主动出击，根据建设需要，面向社会以及本校学生，适时地发放不同的宣传资料或赠品（如信封、办公用品等），使他们在阅读资料或使用物品的同时，自觉或不自觉地被网站的内容所吸引，加深对网站的认识与了解。第四，举办吸引大学生的活动。高职院校思想政治教育工作网站可以面向大学生开展一系列的活动（如知识竞赛、讲座等），这样有助于提高网站在大学生中的影响力。

（二）美化网站的整体形象

主题网站作为高职院校网络思想政治教育信息的重要存储基地，不仅要承载丰富的思想政治教育资源，还要通过美观的页面设计、精巧的布局吸引受众的眼球，以促进网站教育事业的良性运作。

一方面，网页的色彩要总体协调且局部对比。人们在打开网页的第一时间，首先映入眼帘的就是网页的色彩。一般来说，为遵循页面风格的整体统一性，最好选用一个色系，如淡蓝、淡绿、淡黄，或土黄、土灰、土蓝等，给人以和谐的美感。当然，有时为强调某一最热或最新信息的重要性，也可以在网页的某一个小范围的地方进行强烈的色彩对比，通过视觉反差，冲击受众的眼球，从而引起他们的高度关注。

另一方面，栏目名称要响亮且易记。栏目名称是否响亮，直接决定着大学生是否愿意在该栏目中停留，是否浏览相关资讯，而名称是否易记，也影响着大学生再次访问该栏目的可能性。就目前而言，尽管主题网站的内容设置大同小异，但是大多数网站的栏目名称都能体现出本校的特色。

（三）形成特色教育模式

高职院校思想政治教育主题网站的建设与发展，是对传统教学观念的冲击，其结果必然会引发教学模式的更新。高职院校在主题网站平台上对学生开展网络思想政治教育时，应根据高职院校的实际情况，本着以学生为本的教育思想和互动式教学为主的教育原则，积极开发多种形式的特色教育模式，以提高教学的针对性和实用性。

首先，利用校园BBS开展思想政治教育。BBS作为大学生思想交流、信息沟通的重要场所，能够及时有效地反映当前大学生的心理动态和行为习惯。由此，高职院校思想政治教育者必须加强对校园 BBS 的监管与引导，积极发挥其正面思想政治教育功能。第一，加强 BBS 实名制监管。网络论坛若在匿名状态时，很可能由于注册不受限制、无法追究散布不良信息主体的责任而使网络言论失控，给高职院校乃至社会带来负面影响。因此，加强 BBS 实名制监管，有利于净化校园文化，减少校外低级趣味、虚假和反动信息的侵入，同时也会减少网络管理者的工作压力，使他们有更多的时间和精力投入网站的整体建设中。第二，合理设置论坛议题。要使高职院校 BBS 充分发挥其教育功能，其关键在于所设置的论坛议题是否具有吸引力和可讨论性。网络管理者要以贴近现实，贴近学生学习、生活为前提，精心挑选国内外以及本校的热点作为论坛的主题。第三，鼓励学生加入论坛的讨论。一些需要在论坛中寻求帮助的学生，在面对跟帖人的不同回答时，常常因为答案的说服力较差，选择过多而束手无策，难做决断，最后只得匆匆浏览网页，"不带走一片浮云地飘走"。长此以往，论坛在学生心目中的地位就会下降。因此，网络管理者可以根据论坛发帖情况，主动出击，找寻并培养一批政治素质过硬、思想成熟且亲和力较强的"带头人"，利用他们的学习、生活经验回答并解决其他同学内心的困惑，从而在论坛中形成一个互动性较强的有问必有答的模式。

其次，利用博客开展思想政治教育。博客的英文名为 Blog，是由"web"和"log"组合而成的，原意为"网络日志"，即在网络上发布和阅读的流水记录。随着网络技术的进步，博客作为互联网上的新生事物，已经成为人们，尤其是大学生日常学习、工作和生活的重要载体。同样，博客时代的到来，必然对高职院校思想政治教育提出新的要求和挑战。网络教育者可以借助主题网站这一平台，开设高职院校优秀教师博客，可以以此实现教师间个体教育资源共享以及师生间一对多的个性化网络教育。

最后，利用网络在线聊天室开展思想政治教育。除了固定的校园 BBS 和博客的教育方式外，高职院校还可以根据具体情况开设临时在线聊天室。根据学生学习与生活的需要，高职院校可以邀请一些优秀教师以及社会上的知名人士加入在线聊天的队伍，就学生感兴趣的话题展开讨论。如高职院校可以邀请本校思想政治教育教师或专家对党的最新会议精神进行较为详尽的在线解读，通过在线问答就学生关心的话题进行讨论。灵活的教育方式和轻松的教育氛围，有助于提高学生对国家政策学习的积极性。

第四节　加强各方力量的监督与管理

近年来，我国网络化进程正在以惊人的速度前行。网络时代的到来，引起了人们生活方式、思想方式、社会行为的显著变化，特别是对高职院校思想政治教育和当代大学生的健康成长产生了很大的影响。网络的扩展和延伸以及它作为校园综合信息中心地位的形成，使得网络效应的正负面影响都非常突出。一方面，网络是大学生获取知识和信息的重要渠道，是他们表达感情、交流思想的一种途径，在大学生生活中发挥着越来越重要的作用；另一方面，网络上充斥着各种垃圾信息，对当代大学生的健康、全面发展提出了挑战。

一、规范上网场所管理

在信息技术迅猛发展、社会信息化程度不断提高、世界范围内不同思想文化相互激荡的条件下，引导大学生积极学习和吸收人类文明的优秀成果，鉴别、抵御各种落后思想的侵袭，促使他们成为社会主义先进文化的继承者、发扬者，这不仅仅是教育问题，也应该得到国家关注。

（一）加强法规建设

尽管目前我国已经对此高度重视，加快了制定相关法律的步伐，比如已经先后制定《中华人民共和国计算机网络信息管理暂行办法》《中国多媒体通信管理办法》《互联网电子公告服务管理规定》《互联网站从事登载新闻业务管理暂行规定》等，但总的来说目前制定的相关法律、法规、办法还不够全面。针对网络权利如何确认、如何判定链接侵权、侵权证据如何搜集等问题还没有一个比较妥善的处理办法，在这些方面都应该尽快立法。

（二）加强网络线上管理

智能手机的兴起进一步削弱了时空对网民的限制。只需一部智能手机，人们就可以很简单地进入互联网，浏览网络上传播的信息。根据 CNNIC 发布的第 47 次《中国互联网网络发展状况统计报告》，2020 年 12 月，我国手机网民规模达 9.86 亿，手机上网比例持续上升。2020 年 12 月，我国网络视频用户规模达 9.27 亿，其中短视频用户规模为 8.73 亿。所以，严禁互联网上网服务营业场所经营者和上网用户利用互联网上网服务营业场所制作、复制、查阅、发布、传播散布谣言，扰乱社会秩序，破坏社会稳定，散布有害信息等。

（三）建立规范的校内上网场所

各高职院校应当结合本校具体情况，利用自身硬件条件优势，积极建立校内上网场所，制定相关规章制度，如《大学生上网规定》《校园网络文明公约》等，对大学生上网时间、场所、活动内容等加强管理。宣传网络法制，增强管理实效，通过技术手段，对反动、黄色及封建迷信等内容进行查堵；建立一套完整的网络监管体系，引导大学生自觉遵守网络行为规范，控制自身的网络行为，在高职院校形成一种健康的、是非明确的网络环境。

二、加强网络资源管理，采取技术手段筛选和管理

（一）加强校园网络的 IP 路由信息和访问范围的控制管理

因为校园网络主要采用 TCP/IP 网络协议，高职院校可以通过在路由器上加入指令，控制用户访问某些外部网络，也可以建立防火墙对信息进行过滤与筛选。防火墙是指在一个可信网络（校园内部网）与一个不可信网络（外部网）间建立的，起保护作用的一整套软、硬件装置。高职院校应在可信网络和不可信网络之间的界面上构造一个保护层，并强制所有的访问或连接都必须经过这一保护层，在此进行检查和连接。利用防火墙可以保证非法的、不健康的 IP 地址不被任意连接，还能建立跟踪工具，帮助总结并记录有关试图或正在进行的连接，只有被授权的通信才能通过防火墙进入校园网，这样既保护了校园内部网资源免遭非法入侵，也防止了外部不良信息进入校园网络。防火墙能强化安全策略并且能有效记录互联网上的活动，可以作为一个有效的选择外部信息的检查站。

（二）要对校园网络的内容严格把关

从网络类型方面可以把校园网划分为教学子网、办公子网、宿舍子网等，网络管理人员应对校园网络布线结构、网络系统结构和参数配置熟悉了解，对每个网管交换机的每个端口都要详细对应配置，如端口对应的是哪一个教室、哪一间办公室、哪一个用户或是级联到哪一级交换机等，并严格做好系统参数备份，一旦出现问题，就能够及时做出反应，一查到底，落实到具体的责任人。

（三）严格网络难点管理

高职院校要针对网络思想政治教育工作的难点，加强对骨干网、局域网、校园

网的管理，这是做好高职院校网络思想政治教育工作的重要内容。高职院校应充分利用现有的网络监控管理技术，建立信息进出校园网的海关，筑起信息防火墙，净化网络空间。要加强对免费主页及链接的审查、落实实名制注册登记，并通过必要的技术、行政、法律手段，阻止各类不良信息进入校园网。要将管理与教育结合起来，自律与他律结合起来，通过各种形式，增强大学生上网的法律意识、责任意识、政治意识、自律意识和安全意识，培养健全人格和高尚情操，树立良好的网络道德，自觉构筑抵制不良冲击的防火墙。

三、立法与制度并举，构建网络系统管理制度体系

（一）加强网络与信息安全立法工作

规范互联网秩序，加强网络立法刻不容缓。我国的网络立法工作已取得初步成绩。《计算机信息网络国际联网安全保护管理办法》是为了安全保护计算机信息网络国际联网而制定的管理办法。在《中华人民共和国刑法》和其他有关法律文本中也有关于打击计算机犯罪、保护信息安全的条款。计算机与网络安全法规的出台与实施，在规范网络行为、保护网络用户利益，特别是在使大学生免受非法和有害信息的侵害等方面起到了积极的作用。只有加强网络立法，建立健全商业网站和网吧管理制度，才能有效地规范商业网站和网吧经营者的商业行为，打击不法行为，才能为大学生的健康成长创造一个良好的社会环境。

（二）建立健全校园网络与信息安全管理制度

高职院校应当依据国家有关法规，结合自身实际，制定切实可行的校园网络及信息安全管理制度。其内容应包括：校园网络系统规划及布局、校园网络系统硬件管理制度、校园网络各级管理员职责、校园网络管理队伍建设与培训制度、校园网络信息发布与监控制度、师生网络行为监控与管理制度、师生自主建立门户网站管理与监控制度、网络系统管理与信息安全监控激励机制等。只有建立健全科学、完备的网络系统管理与信息安全监控制度，才能确保校园网络的正常运行，才能更好地为高职院校各方面工作和广大师生服务。

（三）健全其他特殊管理制度

校园网不同于一般的商业网站，它服务的是在校学生，为了保证正常的校园生活和教学秩序，就要建立和健全一套完善的管理制度，如网络管理制度、检查制度等。适时地约束学生的上网时间，控制学生的上网行为，加强对网络的管理力度。

四、打防并举，构建网络信息安全监控体系

（一）建立健全网络信息安全管理责任机制

信息安全保障工作是一项关系信息化建设和发展全局的长期任务，高职院校应高度重视信息安全保障工作，切实加强对信息安全保障工作的领导。在推进教育信息化的过程中，高职院校要始终坚持一手抓教育信息化发展，一手抓教育信息安全保障工作，建立健全信息安全管理体制，明确主管领导，落实责任部门，确定具体人员及职责，做到各司其职，各负其责，常抓不懈。此外，建立健全网络信息安全管理监控机制。高职院校各有关部门应加强配合，健全完善协调机制，及时沟通情况，有针对性地打击网上违法犯罪活动，清除有害信息，形成齐抓共管的整体合力。高职院校应建立健全有关部门协调配合的工作机制、网上监控和举报受理工作机制、各负其责的监管机制和群众广泛参与的监督机制，从源头上消除有害网络信息传播的基础，清理不良网站的生存空间。

（二）建立网络信息安全的物质保障机制

高职院校应保证网络设施安全运行和维护的基本投入，特别是要重点支持信息安全的基础性工作所需基本设备的配备，增加对信息安全保障体系关键技术、设备的资金投入，在年度经费预算中将其列入网络信息安全专项经费。

（三）建立起相应的网络监控机制

高职院校应对网络信息进行筛选分析，及时了解学生的思想动态，及时过滤错误的、非法的信息及病毒的传播，避免消极影响的产生。

（四）坚持技术监控和人员监控并重机制

在这一机制建设中，要从两个方面入手。一是制定监控标准，明确监控的对象或范围，这是实施监控的前提条件。二是实行技术监控与人员监控相结合。高职院校网络思想政治教育应加大对监控技术的应用力度，大力开发适应高职院校网络思想政治教育需要的监控软件。在搞好技术监控的同时，加强人员监控。只有这样，二者才能互为补充、相得益彰。搞好人员监控，首先要有网络思想政治教育的专职监控员，定岗定责，实行责任制和责任追究制；其次要在思想政治教育网站或主页上设置监督窗口，接受广大网民的监督。

（五）加大对网络违法犯罪活动的打击力度

在净化网络环境方面，高职院校应积极配合公安机关等执法部门开展工作，

加强对学生的思想政治教育和行为管理。对参与网络违法活动的学生应给予严肃批评教育，对构成犯罪者，应移交公安机关依法处理。公安机关应及时掌握利用互联网从事违法犯罪活动的线索，依法从重从快打击利用不良网站进行违法犯罪活动的行为。

参考文献

[1] 苏建福.高职院校学生思想政治教育工作创新实践 [M].天津：天津科学技术出版社，2017.

[2] 屈维彪.高职院校学生工作实务 [M].北京：光明日报出版社，2017.

[3] 杨章钦，徐章海.思政理论课教学改革与大学生思政教育互动研究 [M].上海：上海财经大学出版社，2017.

[4] 刘红.高职思想政治理论课实践教程 [M].北京：北京理工大学出版社，2017.

[5] 徐公芳，杨方.文化育人的探索与实践 [M].北京：中国言实出版社，2017.

[6] 曾学龙.民办高职院校思政课协同育人教学模式创新的实践 [M].广州：广东高等教育出版社，2018.

[7] 张吉国，曹毅杰.高职院校教师优秀论文集萃 [M].北京：北京交通大学出版社，2018.

[8] 王晴，杨鹏聪.高等院校信息化建设与学生思政教育管理思考 [M].长春：吉林大学出版社，2018.

[9] 胡吉芬.现状反思与路径探索：高职高专院校大学生社会主义核心价值观培育与践行研究 [M].南京：东南大学出版社，2018.

[10] 葛科奇.高职教育导师制实践与创新 [M].天津：天津科学技术出版社，2018.

[11] 史耀忠.职业素养教育的探索与实践 [M].北京：北京理工大学出版社，2018.

[12] 代祖良.创新校园文化的途径与方法 [M].北京：光明日报出版社，2018.

[13] 张羽程.融合视阈下网络文化育人研究 [M].南京：江苏人民出版社，2019.

[14] 郑盼盼.高职思政云课堂理论与实践 [M].杭州：浙江工商大学出版社，2019.

[15] 盖庆武，贺星岳.新时代高职课程思政理论与实践 [M].杭州：浙江工商大学出版社，2019.

[16] 叶勇，康亮 . 新时代高职院校工科专业课程思政教育探索 [M]. 成都：西南交通大学出版社，2019.

[17] 朱移山 . 新时代高校思政课教师的追求与探索 [M]. 合肥：合肥工业大学出版社，2019.

[18] 邓军，旷永青，赵铁 . 高校思想政治工作质量提升理论与实践（服务育人卷）[M]. 桂林：广西师范大学出版社，2019.

[19] 贾爱武 . 高校外语课程育人行动研究 [M]. 杭州：浙江工商大学出版社，2019.

[20] 吕开东 . 新时代高校思想政治教育工作探索 [M]. 北京：光明日报出版社，2019.

[21] 张丽芳 . 高等院校思想政治课程教学模式创新研究 [M]. 武汉：华中科技大学出版社，2019.

[22] 张百顺，齐新林 . 思想政治理论课教学与人格教育和谐发展 [M]. 武汉：华中科技大学出版社，2019.

[23] 曹东勃 . 新时代高校思政育人探索（第三卷）新观察·新思考 [M]. 上海：上海财经大学出版社，2020.

[24] 周家亮 . 铸魂育人担当使命：做新时代思政课好教师 [M]. 济南：山东人民出版社，2020.

[25] 郝学武 . 高校思政工作视域下大学生志愿服务育人体系建设研究 [M]. 长春：吉林大学出版社，2020.

[26] 李彦冰，周春霞 . 新闻传播专业思政的理论与实践 [M]. 北京：知识产权出版社，2020.

[27] 蒋中华 . 成人高校课程思政的实践研究 [M]. 成都：西南交通大学出版社，2020.

[28] 楚国清，孙善学 . 课程思政"三金"优秀教学设计案例 [M]. 北京：首都经济贸易大学出版社，2020.

[29] 黄国辉 . 绽放的火花"活动思政"与思政活动 [M]. 北京：中央编译出版社，2020.

[30] 赵晓春 . 互联网时代高校思政课翻转课堂的理论与实践 [M]. 南京：南京师范大学出版社，2020.

[31] 陈华栋 . 课程思政：从理念到实践 [M]. 上海：上海交通大学出版社，2020.

[32] 岳宏杰，郑晓娜，赵冰梅.高校课程思政和思政课程同向同行问题研究 [M].沈阳：东北大学出版社，2020.

[33] 吴清，卢文凤，丁翠娟.高职院校思政育人新略 [M].北京：光明日报出版社，2021.

[34] 王敏，滕淑娜.红色文化融入高校大思政育人研究 [M].北京：九州出版社，2021.

[35] 李华，李欣.铸魂育人思政教学与生涯教育融合课例 [M].福州：福建教育出版社，2021.